생각이 많은 10대를 위한
철학 사전

생각이 많은 10대를 위한
철학 사전

217가지 키워드로 살펴보는
청소년 철학 입문서

황진규 글
나수은 그림

🌱 나무생각

철학이라는
마법 부채

두 개의 부채가 있어요. 하나는 살이 짧고 뻣뻣한 부채고 다른 하나는 살이 길고 탄력적인 부채예요. 비슷한 힘으로 부쳤을 때, 어떤 부채가 더 많은 바람을 일으킬까요? 당연히 살이 길고 탄력적인 부채겠지요. 두 가지 부채의 차이를 통해, 푸르른 여러분에게 철학이 왜 필요한지를 설명해 주고 싶어요.

철학이란 무엇일까요? '철학'은 앎과 삶을 연결해서 한 사람을 성숙하게 하는 도구예요. 철학적 '앎(지식)'을 배워, 그것으로 내 '삶(생활)'을 되돌아보는 것, 그래서 한층 더 성숙해지는 것. 그것이 제가 생각하는 '철학'이에요. 그래서 '철학'하는 사람들만이 진정으로 행복할 수 있어요. 진정한 행복은 오직 성숙한 사람만이 누릴 수 있는 것이니까요. 그렇다면 청소년이나 성인 모두에게 철학은 필요하겠죠. 누구나 진정한 행복을 바라니까요. 하지만 누구나 철학을 통해 진정한 행복에 도달할 수 있는 건 아니에요.

철학은 부채예요. 하지만 그 부채는 누구에게나 똑같은 크기의 바람을 선물하지는 않아요. 어떤 이의 부채질은 겨우 볼만 간질일 정도의 바람만 불러일으키죠. 또 어떤 이의 부채질은 이마에 맺힌 땀을 식힐 정도의 바람을 만들어요. 이 정도의 작은 바람으로는 진정한 행복에 가닿지 못하죠. 닥쳐온 불행을 피해 도망 다닐 수 있을 뿐이죠. 하지만 철학이라는 부채가 '마법 부채'가 될 때가 있어요. 부채질을 통해 자신이 어디론가 날아갈 정도의 거대한 바람이 만들어지기도 하니까요.

그렇다면 바람의 크기 차이는 어디서 올까요?

당연히 부채의 차이에서 오겠죠. 정확히는 '부챗살'의 차이죠. 살이 짧고 뻣뻣한 부채의 바람은 약할 수밖에 없어요. 반면 살이 길고 탄력적인 부채의 바람이 강하겠죠. 부챗살의 길이와 탄력성은 무엇을 의미할까요? '부채(철학)'는 외부에 있지만, '부챗살'은 우리 내부에 있어요. 살의 길이는 자신의 '가능성'이며 살의 탄력성은 자신의 '수용성'일 거예요.

"나는 얼마든지 지금과 다른 사람이 될 수 있어."

이런 '가능성'이 삶의 길이를 결정해요. 자신이 변화할 가능성이 크다고 믿는 만큼 더 긴 부챗살을 갖고 있는 셈이죠.

"내 생각이 편견이나 선입견일지도 몰라."

이런 타인의 생각에 대한 '수용성'은 삶의 탄력성을 결정해요. 타인의 생각을 유연하게 받아들이는 만큼 더 탄력적인 부챗살을 갖고 있는 셈이에요.

어떤 이가 부채를 잡느냐에 따라 부챗살의 길이와 탄력성이 달라져요. 이제 같은 철학이라도, 누군가는 작은 바람을 맞이하고 누군가는 돌풍을 맞이하게 되는지 이유를 알 수 있을 거예요. 신체적으로나 정서적으로나 나이가 든다는 것은, 삶의 '가능성'과 '수용성'이 줄어듦을 의미해요. 보통 나이가 들면 삶이 변화할 '가능성'도, 타인의 생각을 받아들일 '수용성'도 줄어들게 마련이니까요. 장년·노년인 사람들은 철학을 통해 진정한 행복으로 가는 태풍을 기대하겠지만 겨우 잠시 더위를 식힐 정도의 바람만 맞이하게 될 거예요. 이미 생각이 굳어진 그들 마음속 부챗살은 여러분에 비하면 훨씬 짧고 뻣뻣하니까요.

하지만 이제 삶을 시작하는 여러분은 달라요. 여러분의 부채는 특별하죠. 누구보다 길고 탄력적인 부챗살을 갖고 있잖아요. 여러분은 큰 '가능성'과 '탄력성'을 갖고 있으니까요.

　푸르른 여러분은 무엇이든 될 수 있고 다른 이들의 생각을 얼마든지 받아들일 수 있어요. 누구에게나 '철학'은 중요하지만 여러분에게는 더욱 중요해요. 누군가에게는 평범한 부채가 여러분에게는 돌풍을 불러일으킬 거대한 마법 부채가 될 수 있으니까요.

　이 작은 철학책이 여러분의 마법 부채가 되면 좋겠어요. 그래서 그 마법 부채의 바람을 타고 여러분이 원하는 곳에 도착할 수 있기를 진심으로 바라요.

차례

머리말 4
프롤로그 10

다이어트:
어떻게 살을
빼야 할까요? _ 바타유 66

강요:
왜 자신의 생각을
강요할까요? _ 마투라나 14

레토릭:
사람들을
설득하고 싶나요? _ 아리스토텔레스 76

꿈:
꿈과 현실 중 어떤 것을
택해야 할까요? _ 헤겔 26

미래:
앞으로 펼쳐질 미래가
궁금한가요? _ 아우구스티누스 88

나:
나의 마음을 어떻게
알 수 있을까요? _ 프로이트 36

민주주의:
진정한 민주주의는
어떤 것일까요? _ 랑시에르 98

노력:
왜 노력해도 삶이
나아지지 않을까요? _ 마르크스 46

변화:
나는 왜
변하지 못할까요? _ 사르트르 110

다름:
다름은 왜
불편할까요? _ 헤라클레이토스 56

부:
부자가
되고 싶나요? _ 마르크스 120

카메라:
카메라로 행복을
찍을 수 있을까요? _ 벤야민 182

섹스:
왜 섹스 생각이
계속 날까요? _ 라캉 130

콤플렉스:
콤플렉스를 어떻게
극복해야 할까요? _ 들뢰즈 192

소통:
진정한 대화는
어떻게 가능할까요? _ 비트겐슈타인 140

틀:
왜 생각을
바꾸기 어려울까요? _ 쿤 204

욕망:
내가 원하는 것은
정말 내가 원하는 걸까요? _ 라캉 150

폭력:
폭력은 어떻게
탄생할까요? _ 메를로퐁티 214

중독:
중독을 어떻게
해야 할까요? _ 스피노자 160

희망:
희망은
좋은 것일까요? _ 스피노자 224

침묵:
말하는 것은 언제나
좋은 것일까요? _ 비트겐슈타인 172

에필로그 234
참고문헌 238

왜 공부해야 할까요?

"억지로 공부하지 않아도 돼."

학교와 학원에서 숙제를 잔뜩 지고 와서 낑낑대며 책상에 앉아 있는 첫째 아이에게 종종 하는 이야기예요. 이 책을 펼쳐 든 여러분에게도 같은 이야기를 해 주고 싶어요.

"억지로 읽지 않아도 돼요."

저는 지독히도 공부하는 것을 싫어하는 아이였어요. 그런데 지금은 공부하는 것을 직업으로 삼은 어른이 되었어요. 왜 공부하는 것을 직업으로 선택했을까요? 공부가 다른 무엇보다 즐거운 일이라는 사실을 알게 되었기 때문이에요.

왜 공부해야 할까요? 즐겁기 때문이에요. 공부는 즐겁기 때문에 하는 거예요. 이것이 제가 첫째 아이에게 공부하지 않아도 된다고 말했던 이유예요. 뭐든 강요받은 건 하기 싫어요. 어린 시절부터 공부를 강요받았던 아이는 어른이 되어서도 공부하지 않아요. 그건 슬픈 일이에요. 인생을 살아가면서 느낄 수 있는 큰 즐거움 하나를 잃어버리는 일이기 때문이죠.

책을 읽는다는 것은 공부예요. 그러니 책도 억지로 읽을 필요 없어요. 그러면 책 읽기의 즐거움을 잃어버리게 될 테니까요. 공부라는 즐거운 일을 하기 싫은 일로 만들어 버린 사람들은 공부를 강요하는 선생님과 부모님일지도 몰라요. 저는 그러고 싶지 않아요. 여러분에게 공부하는 즐거움을 알려 주고 싶어요. 공부, 책 읽기가 얼마나 즐거운 일인지를 알려 주고 싶어요.

지금 여러분 손에 들린 이 책을 읽고 싶지 않다면 덮어 두어요. 손이 닿는 곳에 놓아두기만 하면 돼요. 그러다가 가끔 손이 가면 아무 페이지나 읽어요. 마음에 닿는 한 구절이 있다면, 그래서 더 읽고 싶어진다면 그때 읽으면 돼요. 여러분이 그렇게 이 책을 읽었으면 좋겠어요. 그렇게 책을 읽을 때 알게 될 거예요. 책을 읽는다는 것이, 공부를 한다는 것이 얼마나 즐거운 일인지 말이에요.

왜 '철학'을 공부해야 할까요?

세상에는 다양한 공부가 있죠. 그중 이 책은 철학에 관한 공부예요. 다양한 공부 중 왜 철학을 공부해야 할까요? 다시 공부의 즐거움에 대한 이야기로 돌아가 보죠. 공부의 즐거움은 무엇일까요? 가장 먼저 '앎의 즐거움'이에요. 공부는 앎을 주죠. 공부하면 몰랐던 것에 대해 이해하고 알아가게 되니까요. 이것은 분명 즐거운 일이에요.

국어와 영어를 공부하면 예전에 몰랐던 글을 이해하게 되어서 즐거움을 느낄 수 있어요. 또 과학을 공부하면 예전에 몰랐던 자연 현상을 알아가면서 즐거움을 느끼죠. 공부는 이런 '앎의 즐거움' 을 주어요. 그런데 이것이 공부가 주는 즐거움의 전부일까요? 아 니에요. 이것은 공부가 주는 '작은 즐거움'이에요.

그렇다면 공부가 주는 '큰 즐거움'은 무엇일까요? '나의 생각' 을 갖는 것이에요. 우리는 다들 '나의 생각'을 갖고 있다고 여기지 만 그렇지 않아요. 대부분의 사람들은 '나의 생각'이 아니라 '남의 생각'을 갖고 살죠. "저 학원이 좋대."라는 '남의 생각'을 따라 학 원을 가고, "그 게임이 재미있대."라는 '남의 생각'을 따라 게임을 하죠. 그런 '남의 생각'에 휩쓸려 가는 삶에 짧고 얕은 즐거움은 있 을지 몰라도 길고 깊은 즐거움은 없어요.

다른 누구도 아닌 '나'의 생각으로 세상을 보고, 세상을 살아가 는 것, 이것이 공부를 통해 우리가 누릴 수 있는 가장 큰 즐거움이 에요. 다른 사람들이 뭐라고 하건, "나는 학원 안 갈래. 나는 집에 서 음악 들을래." "나는 그 게임 안 할래. 운동장에서 축구 하는 게 더 좋아." 이처럼 흔들리지 않는 '나의 생각'을 갖고 있는 사람은 늘 유쾌하고 즐겁죠.

'나의 생각'으로 세상을 보고, 세상을 살아가는 것이 쉽지는 않 아요. 어떻게 해야 '나의 생각'을 가질 수 있을까요? 일단 많이 알아야 해요. '앎'은 '나의 생각'을 꽃피우기 위한 씨앗 같은 거예요. 많이 알아야 하는 이유는 '나의 생각'을 갖기 위해서예요.

하지만 '앎'이 많다고 해서 '나의 생각'을 갖게 되는 건 아니에요. '나의 앎'은 좀처럼 '나의 생각'이 되지 않죠. 쉽게 말해, 많이 공부한다고 해서 '나의 생각'이 형성되지는 않아요. 바로 여기에 우리가 철학을 공부해야 하는 이유가 있어요.

철학은 어떤 공부일까요? '나의 생각'을 만들어 가는 공부라고 말할 수 있어요. 흔히 "그 사람은 철학적이야."라는 말을 하곤 하죠. 이는 "그 사람은 자신만의 생각을 갖고 있어."라는 의미죠. 이처럼 철학을 공부하면 '나의 생각'을 조금씩 만들어 나갈 수 있어요. 철학은 '작은 즐거움(앎)'을 통해 '큰 즐거움(나의 생각)'으로 가닿게 해 주는 공부인 셈이죠.

이것이 우리가 철학을 공부해야 하는 이유일 거예요. 철학은 '작은 즐거움(앎)'과 '큰 즐거움(나의 생각)'을 모두 선물해 줘요. 철학이라는 학문을 통해 몰랐던 사실을 알아 가는 '작은 즐거움'을 누릴 수 있고, 그 즐거움이 쌓여 어느새 '나의 생각'을 갖게 되는 '큰 즐거움'도 누릴 수 있게 돼요. 여러분에게 닿은 이 작은 책이 '작은 즐거움'과 '큰 즐거움'을 모두 줄 수 있다면 좋겠어요. 자, 이제 '즐거움'을 만나러 떠나 볼까요?

강요

왜 자신의
생각을
강요할까요?

움베르토 마투라나_
관찰자

"어렸을 때 공부해야 돼!"

"방은 항상 깨끗해야 하는 거야!"

"게임은 나쁜 거야!"

"대학은 꼭 가야 해!"

이처럼 자신의 생각을 강요하는 사람들은 많죠. 부모님이나 선생님, 혹은 친구가 그럴 수 있어요. 이렇게 자신의 생각을 강요하는 사람들을 만나면 위축되기도 하고 답답해지기도 하죠.

'나이 든 다음에 공부하면 되잖아.'

'방은 쓰다 보면 어지럽혀지는 거잖아.'

'게임을 하면 스트레스가 풀리던데.'

'대학을 안 가도 즐겁게 살면 되는 거 아닌가?'

이렇게 생각하는 사람도 있어요.

하지만 다른 사람들이 확신에 찬 어투로 자신의 생각을 강요하면 듣는 사람은 크고 작은 상처를 받을 수밖에 없어요. 그 상처로부터 벗어나기 위해서 가장 먼저 해야 할 질문은 이것이에요.

"왜 생각을 강요할까요?"

답은 '내 생각이 옳다!'라는 확신 때문이죠. 그 확신이 바로 폭력적인 강요로 이어지는 이유예요. '나'는 옳고 '너'는 틀렸으니, 자신의 생각을 강요하는 일을 당연하게 여기는 거죠. 하지만 이는 겉으로 드러난 것일 뿐, 본질적인 이유는 아니에요. 그렇다면 본질적인 이유는 무엇일까요? 그것을 알기 위해서는 다시 물어야 해요.

"자신의 생각이 옳다는 확신은 어디서 왔을까요?"

관찰하기에 세상이 존재한다

이 질문에 대한 답은 칠레의 생물학자이자 철학자인 움베르토 마투라나(Humberto R. Maturana)에게 들어 보는 게 좋겠어요. 마투라나라면, '내 생각이 옳다!'는 확신은 '관찰자'의 오류로부터 왔다고 말할 거예요. 그렇다면 마투라나가 말하는 관찰자란 무엇일까요?

✳

관찰자는 모든 것의 원천입니다. 관찰자가 없으면 아무것도 존재하지 않습니다. 관찰자는 모든 지식의 기초입니다. 인간 자신, 세계, 그리고 우주와 관계되어 있는 모든 주장의 기초입니다. 관찰자의 소멸은 우리가 알고 있는 세계의 종말과 소멸을 의미할 것입니다.

_움베르토 마투라나, 《있음에서 함으로》

마투라나에 따르면 관찰자는 지식, 인간, 세계, 우주 등 모든 것의 원천이에요. 즉, 관찰자가 있기에 세상이 존재하는 것이죠. 이는 놀라운 인식의 전환이에요. 우리는 세상이 먼저 존재하고 그것을 우리가 관찰한다고 믿는데, 놀랍게도 마투라나는 정반대라고 말해요. 우리가 관찰하기에 세상이 존재한다고 말이에요. 그래서 관찰자의 소멸, 즉 관찰할 사람이 없다는 것은 세계의 종말과 소멸을 의미하게 되는 거죠.

예를 들어 볼까요? 키우던 강아지가 죽었다고 가정해 봐요. 우리는 그때 세상은 그대로 존재하고 그 강아지만 사라졌다고 생각하죠. 하지만 마투라나는 그 강아지가 죽음과 동시에 하나의 세계가 사라졌다고 말해요. 이 놀라운 인식의 전환을 쉽게 설명할 예가 또 있어요. 언젠가 아들과 곤충 박물관에 놀러 간 적이 있는데 거기에 곤충이 세상을 어떻게 보는지 체험해 볼 수 있는 망원경이 있었어요. 아들은 망원경을 한참 동안 들여다본 후 제게 이렇게 말했어요.

"아빠, 곤충들은 우리랑 다른 세상에 사나 봐."

관찰자의 세계들

망원경을 통해 본 세상은 우리가 사는 세상과 다르죠. 초점이 안 맞아 흐릿해 보이거나 대상이 여러 개로 보이기도 하니까요. '내가 본 세상이 진짜 세상일까? 곤충이 본 세상이 진짜 세상일까?' 쉽게 답할 수 없는 질문이 떠오른 아들은 당혹감을 느낄 수밖에 없었을 거예요. 그리고 곤충이 사는 세상과 우리가 사는 세상이 다르다고 결론 내린 거죠.

바로 이 결론이 마투라나의 주장이에요. 동물이 보는 세상이 있고, 곤충이 보는 세상이 있고, 인간이 보는 세상이 있어요. 그리고 이는 모두 별도로 존재하는 각각의 세상이에요. 인간이 보는 세계가 유일한 세계라고 결론 내릴 어떠한 근거도 없어요. '인간-동물-곤충'의 관계만 그럴까요? '인간-인간'의 관계 역시 크게 다르지 않을 거예요. 한 사람이 세상을 관찰하는 방식에 따라, 하나의 세계가 구성되게 마련이에요.

부유하게 살며 삶을 '관찰'했던 사람과 가난하게 살며 삶을 '관

찰'했던 사람을 생각해 볼까요? 그들은 같은 세계에 살지 않아요. 부자들은 가난한 이들을 이해하지 못하고, 가난한 이들은 부자들을 이해하지 못하죠. 이는 공감이나 교감의 문제가 아니에요. 그들이 같은 세계에 살지 않기 때문이에요. 우리는 모두 자신이 관찰자로 있는 각자의 세상에 살고 있는 거예요.

강요, 그리고 그 강요의 토대가 되는 것은 확신이죠. '내 생각이 옳다!'는 확신. 이는 관찰자의 오류로부터 오는 거예요. 관찰자의 오류가 무엇일까요? 그것은 자신이 관찰자로 있었기에 존재했던 세상을 유일한 세상이라고 판단 내리는 거예요. 곤충 박물관에서 망원경으로 곤충을 보고, '곤충은 세상을 잘못 보고 있구나!'라고 판단 내리는 것처럼요. 그 판단은 분명 오류예요.

✴

말해지는 모든 것은 관찰자에 의해 말해지는 것이다.
_움베르토 마투라나, 《있음에서 함으로》

마투라나의 말처럼, 모든 판단은 관찰자에 의해 말해지는 것일 뿐이죠. 세상은 유일하지 않아요. 다양한 세상이 존재해요. 극단적으로 말해, 관찰자의 수만큼 여러 세상이 존재하는 거예요. 확신과 강요는 이를 오해할 때 발생해요. 이를 마투라나의 말을 빌려 말하자면, '강요의 형식으로 말해지는 모든 것이 관찰자에 의해 말해지는 것'이에요.

✳
'관찰자와 독립적인 실재'와 관련해서, 그것이 존재한다는, 게다가
명백하게 주어진 것으로 간주된다는 주장을 타당한 것으로 만들
어 줄 가능성은 없습니다.
_움베르토 마투라나, 《있음에서 함으로》

관찰자와 독립되어 존재하는 유일한 세상이 있다는 주장은 타
당하지 않아요. 관찰자들마다 각자의 세상이 존재해요. 곤충은 세
상을 잘못 보는 게 아니에요. 자신만의 세상을 보는 거예요. 하지
만 우리는 너무 쉽게 자신이 관찰한 세상이 유일한 세상이라 판단
내리곤 하죠.
폭력적 강요는 여기서부터 시작돼요. 강요는 '나는 옳다!'라는
확신에서 비롯되고, 그 확신은 '내가 본 세상이 유일하다.'는 생각
에 기초하니까요.

'관찰하기'는 자기 성찰
그렇다면 내가 보는 세상이 유일한 세상이라는 관찰자의 오류
를 어떻게 극복할 수 있을까요?

이것이 강요의 문제에서 가장 본질적인 질문일 거예요. 마투라나는 진정한 '관찰자'와 '관찰하기'가 무엇인지에 대해서 이렇게 말해요.

✱

무심코 창밖을 내다보고 있는 사람을 나는 관찰자라고 생각하지 않을 것입니다. 따라서 결론적으로 말하자면 우리들 삶의 대부분의 시간을 우리는 관찰자로 작동하지 않습니다. (중략) 우리가 관찰하기를 하고 있다는 것을 깨닫는 것, 그래서 구분을 하는 것이 바로 자신이라는 것을 깨닫는 것을 깨닫는 것. 우리는 새로운 체험 영역에 도달한 것입니다.

_움베르토 마투라나, 《있음에서 함으로》

마투라나가 말한 진정한 관찰하기는 어렵지 않아요. 우리가 눈으로 세상을 관찰할 때 대상에만 빠져 있지 않고, 지금 관찰하고 있는 중인 자신을 깨닫는 것이 진정한 관찰하기예요. 달리 말해, 곤충의 관찰과 인간의 관찰을 "구분하고 있는 것이 바로 자신(인간)이라는 것을 깨닫는 것"을 의미해요.

관찰하기는 자기 성찰이고, 관찰자는 자기 성찰이 가능한 사람이에요. 자기 성찰이 뭘까요? 어떠한 행동을 할 때 행동 자체에 빠져들지 않고 거리를 두고 행동을 바라볼 수 있는 능력이에요. 진정한 관찰자가 되면 어떤 것이든 타인에게 강요하기 어려워져요. '말해지는 모든 것은 관찰자에 의해 말해지는 것'일 뿐이라는 사실을 알기 때문이지요.

"어렸을 때 공부해야 돼!" 같은 강요는 어렸을 때 공부하지 않아서 불행해진 삶의 관찰이 구성한 세계일 뿐이에요. "게임은 나쁜 거야!"라는 강요는 게임을 해서 불행해진 삶의 관찰이 구성한 세계일 뿐이고요. 이것들은 모두 진정한 관찰하기가 아니에요. 자신이 관찰했던 대상(공부, 게임)에 매몰되어 있을 뿐, 자신이 대상(공부, 게임)을 관찰하고 있다는 사실 자체를 깨닫지 못하고 있기 때문이에요.

진정한 관찰자로서 관찰한다면 강요는 사라질 거예요. '내가 옳다!'라는 생각 자체가 사라져 버릴 테니까요. 나는 옳을 수 있어요. 하지만 그 옳음은 내 세계의 옳음이지 다른 세계의 옳음은 아닐 수 있죠. 진정한 관찰자는 그 사실을 잘 알고 있어요.

내 세계의 주인으로 살아가기

주변에 진정한 관찰자만 존재한다면 나의 삶에 강요하는 사람도 없겠지만, 현실은 그렇지 않죠. 그렇다면 강요하는 관찰자에 둘러싸여 이대로 살 수밖에 없는 것일까요?

강요당하지 않고 당당하게 자신의 삶을 걸어갈 수 있는 방법 역시 마투라나를 통해 알 수 있어요.

마투라나에 따르면, 세상이 먼저 존재하는 것이 아니라 관찰이 먼저 존재해요. 이는 우리가 어떤 것을 어떤 방식으로 관찰할 것이냐에 따라 우리의 세상이 달리 구성된다는 말이에요. 곤충의 시선으로 세상을 관찰하면 우리는 곤충의 세상에서 살게 되고, 노예의 시선으로 세상을 관찰하면 우리는 노예의 세상에서 살게 되는 거예요.

하지만 우리가 주인의 시선으로 세상을 관찰하면 우리는 주인의 세상에서 살게 되는 거예요. 이것이 바로 강요당하지 않고 당당하게 자신의 삶을 살아갈 수 있는 방법이에요.

누군가의 폭력적인 강요나 다그침에 불안해하거나 주눅 들 필요 없어요. 당당한 주인으로서 우리에게 주어진 대상을 관찰해 나가면 돼요. 그때 자신만의 세계가 만들어져요. 당당한 주인의 세계이지요. 누군가의 강요에 흔들리고 불안할 때 마투라나의 이 말을 되새겨 보았으면 좋겠어요.

✱

결국 우리는 우리가 세상을 살아감으로써 살아가는 세상을 내어 놓는다는 것입니다. 우리가 바라는 것이 무엇이든 우리는 바로 그 것을 해야 합니다.

_움베르토 마투라나, 《있음에서 함으로》

꿈

꿈과 현실 중
어떤 것을
택해야 할까요?

프리드리히 헤겔_
변증법

주현이는 공부를 잘하고 착실한 학생이에요. 주현이에게는 가슴속 깊은 곳에 간직해 온 꿈이 있어요. 영화감독이 되고 싶다는 거예요. 어린 시절부터 간절히 원했던 꿈이었기에 기회가 되면 주변 사람들에게 말하곤 했죠.

"사실 제 꿈은 다큐멘터리 감독이 되는 거예요."

하지만 선생님은 이유도 묻지 않은 채 이렇게 말했어요.

"주현아, 넌 공부를 잘하니까 의사가 될 수 있어."

또 부모님은 이렇게 말했죠.

"지금은 공부할 때야. 그런 쓸데없는 생각을 할 때가 아니고."

우리가 품고 있는 소중한 꿈에 대해 이야기할 때 세상 사람들은 흔히 이렇게 말하죠.

"네 꿈은 현실적이지 않아."

"네가 아직 현실을 모르기 때문에 꿈을 꿀 수 있는 거야."

소중한 꿈을 가진 사람은 이런 말에 종종 상처를 받게 되죠. '현실'이라는 벽 앞에서 자기의 꿈이 하찮거나 터무니없게 취급되기 때문이에요. 꿈을 가진 사람은 둘 중 하나의 선택을 강요받게 되죠.

"꿈이냐, 현실이냐."

그러니 꿈을 가진, 혹은 꿈을 찾는 이들이 묻고 싶은 것은 이 질문일 거예요.

"꿈과 현실 중 어떤 것을 택해야 할까요?"

거듭하여 현실을 극복하는 헤겔의 '변증법'

이 질문에 대한 답은 헤겔(Georg Wilhelm Friedrich Hegel)이라는 철학자에게 들어 볼까요?

헤겔은 칸트로부터 이어져 오던 '독일 관념론'을 하나의 체계로 완성한 철학자예요. 관념론은 물질적인 것보다 정신이나 이성적인 것을 본질로 보고 세상을 이해하려는 이론이에요. 헤겔은 '변증법적 전개 원리'로 세계가 변화하고 발전하는 것을 설명할 수 있다고 말해요.

'변증법'이란 무엇일까요? 많은 이들이 헤겔의 '변증법'을 '정(正)→

반(反)→합(合)'이라는 도식으로 이해하고 있어요. 쉽게 말해, '흰 것 (정)'이 있고, '검은 것(반)'이 있을 때, 둘이 합해지면 '회색(합)'이 된 다는 식이죠. 이런 설명은 헤겔의 '변증법'을 완전히 잘못 이해했다 고 말할 수는 없지만, 딱 맞는 설명도 아니에요.

'변증법'을 적확하게 설명해 볼까요? 동굴에서만 살던 원시인 이 한 명 있다고 생각해 봐요. 그 원시인은 머릿속으로 '보다 더 편 하게 살 수 있는 어떤 공간'을 생각했어요. 그리고 그 생각대로 움 막을 지었어요. 세월이 흘러 그 움막에서 살던 누군가가 '조금 더 안락한 어떤 집'을 생각했고, 기와집을 지었어요. 또 세월이 더 흘 러 기와집에 살던 누군가는 '조금 더 넓게 쓸 수 있는 어떤 집'을 생각했고, 이층집을 지었어요. 마찬가지 과정을 통해 누군가 아파 트와 고층 빌딩을 구상하고 그것을 현실화했어요.

이 과정을 통해 변증법을 설명할 수 있어요. 헤겔의 변증법 도 식은 '정신(정)→대상(반)→정신(합)'의 반복이에요. 움막에서 아 파트까지 변화하는 역사적 과정을 생각해 볼까요? 애초에 원시 인은 '정신(정)'으로 원시 형태의 주거 공간을 구상했고, 그 '정신' 을 통해 '대상(반)'인 움막을 지었어요. 그렇게 현실화된 '움막'에 살면서 사람들에게 '더 안락한 주거 공간'을 원하는 새로운 '정신 (정)'이 만들어지게 돼요. 그리고 그 '정신(정)'은 다시 기와집이라 는 '대상(반)'으로 현실화되죠. 이렇게 반복적으로 현실화된 '기와집'을 경험하면서 '함께 살 큰 주거 공간'이라는 '정신(합)'이 만들어지고, 그 정신이 '아파트'라는 '대상'으로 다시 현실화되는 거예요.

반복되는 이 과정을 도식화해 볼까요?

'정신(움막의 구상)→대상(움막)→정신(기와집의 구상)→대상(기와집)→정신(아파트 구상)→대상(아파트)'

이는 '정(정신)'이 '반(대상)'을 만들어 내고, 그 '반(대상)'이 다시 더 발전된 '정(정신)'을 불러일으키는 운동의 반복이에요. 즉, '생각(정신)'했던 것이 '현실화(대상)'되고, 그 '현실화(대상)'된 것이 다시 그 현실적인 것을 극복할 새로운 '생각(정신)'을 불러내게 되는 거죠.

어떤 '정신'이 '대상'을 만들고, 그 '대상'이 다시 조금 더 높은 단계의 '정신'을 만드는 나선 모양의 운동. 이것이 바로 헤겔의 변증법이에요. 그래서 헤겔의 변증법을 '정신'과 '대상'의 변증법이라고 말하기도 해요.

꿈꾸는 사람이 현실적이며, 현실적인 것이 꿈이 된다

여기서 우리는 '정신'에 집중해 봐요. 즉, '대상'을 만드는 '정신(생각)'은 어떤 생각일까요? 아직 현실화되지 않은 생각이죠. 달리 말해, 다들 '안 된다'고 말하는 생각이에요. 그 생각이 무엇일까요? 그것이 바로 꿈 아닌가요? 다들 '동굴(현실)'에 사는 것이 익숙했던

시대에 움막을 '생각'한 것은 꿈이죠. 다들 움막에 사는 것이 현실
적이라고 믿던 시기에 '기와집'을 생각하는 것 역시 꿈이에요. 여
기서 놀라운 사실을 하나 발견할 수 있어요. 존재하지 않았던 어
떤 것(움막, 기와집, 이층집, 아파트)을 현실화시킨 것은 다름 아닌 꿈(정
신)이에요.

＊

이성적인 것은 현실적인 것이며 현실적인 것은 이성적이다.

_프리드리히 헤겔, 《법철학 강요》

이제 어렵지 않게 헤겔의 말을 이해할 수 있어요. 그렇다면 헤겔
이 말한 '이성적인 것'이 무엇일까요? 생각이에요. 아직 현실화되
지 않은 것(움막, 기와집, 이층집, 아파트)에 대한 생각, 즉 꿈이죠. 그러
니 "이성적인 것은 현실적인 것이며, 현실적인 것은 이성적이다."
라는 헤겔의 말을 이렇게 바꿔서 이해해도 될 거예요.

"꿈꾸는 사람이 현실적이며, 현실적인 것이 꿈이 된다."

생각해 보면 정말 그래요.

'꿈꾸는 사람이 현실적'이에요. 달리 말해, 꿈꾸지 않는 사람에
게 현실이 보일 리 없어요. 동굴 생활에 안주해 있는 이들에게 동
굴 생활의 '현실'은 전혀 불편하지 않을 테니까요. 오직 새로운 형

태의 집을 꿈꾸는 이들만 동굴 생활(현실)이 얼마나 춥고 힘들고 불편한 것인지 느낄 수 있어요. 동시에 '현실적인 것이 꿈'이 되죠. 벗어나고 싶은 '현실(동굴의 삶)'이 바로 꿈(움막, 기와집, 이층집, 아파트)을 가능하게 했잖아요. '이성적인 것이 현실적인 것이며, 현실적인 것이 이성적인 것'이라는 헤겔의 말은 옳아요. 오직 꿈꾸는 사람에게만 현실이 보이며, 그 현실이 바로 꿈이 되니까 말이에요.

영화감독을 꿈꾸는 주현이는 현실적이지 않은 걸까요? 전혀 아니에요. 주현이는 누구보다 현실적이에요. 첫째, 주현이는 지금 자신이 처한 '현실'을 정확히 이해했어요. 지금의 현실(학교, 학원, 입시)이 대학 진학에 도움이 될 뿐, 자신의 꿈을 이루는 데 도움이 되지 않는 현실임을 정확히 알고 있어요. 둘째, 그 드러난 현실을 어떻게 극복해 나갈 것인지를 구체적으로 고민하게 되었다는 측면에서 더욱 '현실'적이죠. 틈틈이 영상에 관련된 공부를 했고, 부모님이 원하는 대학에 진학한 후 영상학과로 편입을 했으니까 말이에요.

'꿈이냐, 현실이냐'의 폭력적 이분법 너머

주현이는 아주 현실적인 사람이에요. 주현이가 현실적인 이유는 꿈 때문이었죠. 그 간절한 꿈 때문에 두 가지 현실을 모두 정확히 볼 수 있었어요. 소중한 꿈을 놓지 않은 주현이는 '받아들여야 할 현실'과 '극복해야 할 현실'을 모두 직면한 진정한 현실주의자예요.

자신을 일컬어 현실적이라고 말하는 사람들이 있죠. 그들은 이렇게 말하죠.

"네가 꿈꾸는 영화감독이라는 꿈은 현실적이지 않아!"

이런 사람들은 현실적인 걸까요? 그들이야말로 현실적이지 못하죠. 반쪽짜리 현실을 볼 뿐이니까요. 그들은 '받아들여야 할 현실(학교, 학원, 입시)'을 볼 뿐, '극복해야 할 현실(영상 공부, 편입)'은 보지 못하고 있어요.

세상의 많은 사람들은 꿈을 꾸는 사람을 이상주의자라고 말해요. 그리고 그런 꿈이 없는 사람을 현실주의자라고 말해요. 하지만 이것은 삶을 거꾸로 보는 거예요. '꿈'이 없는 사람이야말로, (받아들여야 할) 반쪽짜리 '현실'밖에 보지 못하는 이상주의자예요.

"꿈과 현실 중 어떤 것을 택해야 할까요?"

이것은 질문 자체가 잘못되었어요. '꿈'과 '현실'은 양자택일해야 하는 모순적인 것이 아니에요. 꿈이 현실이고, 현실이 바로 꿈이에요. '꿈'을 꾸었을 때 비로소 진정한 '현실'이 보이고, 그 '현실'이 바로 우리의 '꿈'을 이룰 수 있는 방법을 드러내기 때문이지요.

움막을 꿈꾸었던 그 원시인처럼, 영화감독을 꿈꾸었던 주현이

처럼, 우리 모두 각자의 꿈을 놓치지 않고 꿈을 이뤄 가는 진정한
현실주의자가 될 수 있었으면 좋겠어요.

나

나의 마음을 어떻게 알 수 있을까요?

지그문트 프로이트_
초자아

　나 자신에 대해 잘 모를 때가 있죠. 공부를 해야 하는데 공부가 안 될 때, 너무 피곤한데 책상 정리를 하지 않으면 잠이 안 올 때, 학원을 빠지고 싶은데 막상 빠지면 불안할 때. 살아가면서 자주 일어나는 일들이죠. 이런 일상적인 일들은 모두 내가 '나'를 모르기에 발생하는 거예요. '나'는 정말 공부해야 한다고 생각하는 것인지, '나'는 정말 책상 정리를 하고 싶은 것인지, '나'는 정말 학원을 빠지고 싶은 것인지 잘 모르니까요.

　사실 우리는 '나'를 잘 몰라요. 정확히 '나의 마음'을 몰라요. 이상하지요? 다른 사람도 아니고 내가 '나의 마음'을 잘 모른다니 말이에요. 내가 나의 마음을 모르면 삶이 불행해져요. 생각해 봐요. 우리를 정말 불행하게 하는 것은 낮은 성적도, 공부가 안 되는 상황도 아니잖아요. 공부를 해야 하는데 공부가 안 되거나, 혹은 하고 싶지 않은 내 마음 때문이잖아요. 그런 자신의 마음을 몰라서 불행해지는 거죠.

내 마음을 알면 얼마나 좋을까요? 내 마음을 알면, 공부가 안 될 때는 잠시 편히 쉴 수 있잖아요. 내 마음을 알면, 피곤한 날에는 책상 정리를 조금 미룰 수도 있잖아요. 내 마음을 알면, 학원을 빠져도 불안하지 않을 수 있잖아요. 이처럼 나의 마음을 잘 알면 우리 삶은 조금 덜 불행해지고 조금 더 행복해질 수 있어요. 그러니 이 질문은 중요해요.

"나의 마음을 어떻게 알 수 있을까요?"

프로이트의 '마음'

이 질문의 답을 정신분석학자이자 철학자인 지그문트 프로이트(Sigmund Freud)에게 물어볼까요? 그는 인간의 '무의식'을 최초로 발견한 사람이에요. 인간의 '의식' 아래에는 인간이 의식할 수 없는 거대한 '무의식'이 존재한다는 사실을 밝혔어요. 이는 수면 위로 조금 나온 빙산(의식) 아래에 거대한 얼음 덩어리(무의식)가 있는 장면을 상상하면 돼요. 프로이트는 이 혁명적 발견을 통해 '정신분석학'이라는 학문을 창시했어요. 정신분석학은 인간의 마음을 분석하는 학문이에요.

프로이트는 인간이 자신의 마음을 잘 모르는 것이 당연하다고 여겼어요. 왜 그럴까요? 프로이트에 따르면, 인간의 마음에는 자신이 명료하게 파악할 수 있는 의식뿐만 아니라, (인간이 의식할 수 없는) 무의식도 깊이 관계해 있기 때문이죠. 이 무의식 때문에 나의 마음이지만 나 자신도 잘 알 수 없는 거예요. 그렇다면 나의 마음은 어떻게 알 수 있을까요?

이 질문에 프로이트는 뭐라고 답할까요? 먼저 프로이트가 마음이란 것을 어떻게 파악하고 있었는지부터 알아볼까요? 초기 프로이트는 인간의 마음을 '의식-무의식'으로 구분했어요. 하지만 후기로 가면서 프로이트는 인간의 마음은 세 가지 요소, '이드-자아-초자아'로 구성되어 있다고 봤어요. 이 세 가지 생소한 개념들을 하나씩 알아봐요.

이드와 자아

먼저 '이드'는 무엇일까요? 쉽게 말해 본능이라고 할 수 있어요. 인간이 신체를 갖고 있기 때문에 발생하는 본능의 힘을 '이드'라고 해요. 쉽게 예를 들어 볼까요? 배고프면 먹고 싶은 마음이 들죠. 또 졸리면 자고 싶은 마음이 들잖아요. 그런 본능적 힘에 의해서 발생하는 마음을 이드라고 할 수 있어요. 아기가 갓 태어났을 때는 이드에 사로잡혀 있는 상태인 셈이죠.

그런데 우리는 이드만으로 살 수 있을까요? 그럴 수 없죠. 이드는 철저하게 신체적 쾌락을 좇기 때문이에요. 인간은 신체적 쾌락만을 좇을 수가 없어요. 사회 구성원으로서 인간은 사회·문화적 현실을 고려해야 하기 때문이죠. 생각해 봐요. 배고프다고 옆 사람의 빵을 빼앗거나 훔쳐 먹을 수는 없잖아요. 또 피곤하다고 해서 길바닥에 드러누워 잘 수도 없고요.

바로 여기서 '자아'가 드러나게 돼요. 자아는 쉽게 말해 이드를 타이르고 달래서 현실적인 방법으로 쾌락을 추구하게 만드는 마음이에요. 예를 들어, 이드가 "배고파! 옆에 있는 사람 거 뺏어 먹을 거야!"라고 말하는 마음이라면, 자아는 "조금만 참아. 집에 가면 맛있는 거 먹을 수 있을 거야."라고 말하는 마음이에요. 인간은 성장하면서 외부 현실에 대해 알아 가게 되잖아요. 그 과정에서 욕망을 조절해서 현실과 타협하게 돼요. 바로 그 과정을 통해 자아가 자리 잡는 거죠.

초자아는 금지하는 마음이다

그렇다면 '초자아'는 무엇일까요? 쉽게 말해, 금지하는 마음이에요. 우리의 마음속 깊은 곳에는 '이것은 옳은 것이고, 이것은 나쁜 것이야.'라는 규율이나 법칙 같은 것들이 자리 잡고 있어요. 이 규율이나 법칙에 따라 무엇인가를 금지하는 마음이 바로 초자아

예요. 초자아는 기본적으로 자아를 검열하거나 판단하는 기능을
담당해요. 프로이트는 이 초자아에 대해 이렇게 말해요.

✳

초자아가 양심이라고 부르는 것의 매개물이란 사실을 눈치챘을
것이다. (중략) 초자아는 마치 엄격한 아버지가 아이를 대하듯이
그들의 자아를 대하고 있다.

_지그문트 프로이트, 《정신분석학 개요》

그렇다면 이제 '이드-자아-초자아'라는 이 세 마음이 서로 어떻
게 작동하는지를 알아볼까요? '배고프니까 옆 사람 거 뺏어 먹을
거야!'라고 이드가 외칠 때를 생각해 봐요. 그때 초자아는 마치 엄
격한 아버지가 아이를 대하듯, '그것은 옳지 않은 일이고 나쁜 일
이니 하지 마!'라고 금지해요. 이때 자아는 이드와 초자아를 조율
하고 중재해서 우리의 욕망을 현실적 조건 아래서 충족시켜 줘요.

내 마음을 나도 모르는 이유

이제 내 마음을 나도 모르는 이유를 알 수 있어요. 프로이트에
따르면, '자아'는 '의식'의 영역이고, '이드'와 '초자아'는 '무의식'
의 영역에 있어요. 그러니 우리는 '자아'를 의식할 수 있을 뿐, '이

드'와 '초자아(무의식)'는 의식할 수 없어요. 즉, 내 마음을 모르는 이유는 이드와 초자아를 모르기 때문인 거죠. 이는 우리가 이드와 초자아에 대해서 알 수 있다면 우리의 마음을 알 수 있다는 의미이기도 해요. 그런데 '나'의 마음을 파악하려고 할 때 이드보다 초자아가 더 중요해요. 왜 그럴까요?

이드는 신체를 갖고 있는 인간이라면 누구나 갖고 있는 마음이에요. 졸리면 자고 싶은 마음, 배고프면 먹고 싶은 마음은 누구나 갖고 있잖아요. 이드는 인간의 보편적 마음이에요. 그러니 이드를 통해 나만의 마음을 오롯이 알기는 어려워요. 다른 누구도 아닌 바로 나의 마음을 알고 싶다면, 초자아에 대해서도 물어야 해요. 이드가 신체로부터 왔다면 초자아는 어디에서 왔을까요?

초자아는 어디에서 왔을까

＊

인간 존재로 성장해 가는 아이가 부모에 의존하여 사는 긴 유아기의 침전물로 자아 속에서는 하나의 특별한 기관이 형성되는데, 여기서 부모의 영향은 지속된다. 이 기관은 '초자아'라는 이름을 얻는다. 이 초자아가 자아와 구별되거나 자아에 대립하는 한에서, 그것은 자아가 고려할 수밖에 없는 제3의 힘이다.

_지그문트 프로이트, 《정신분석학 개요》

프로이트에 따르면, 초자아는 부모로부터 왔어요. 생각해 보면 정말 그래요. 금지하는 마음, 즉 초자아는 사람마다 달라요. 양치질을 안 하면 잠을 못 자는 친구가 있고, 방 정리를 못 하면 불안한 친구도 있잖아요. 이는 인간 존재로 성장해 가는 아이가 부모에 의존해 사는 긴 유아기 시절, 부모가 어떤 금지를 했느냐에 따라 결정되는 거예요. 부모의 금지가 남긴 침전물이 바로 초자아라는 마음이죠.

물론 여기서 말하는 부모는 꼭 생물학적 부모를 뜻하지는 않아요. 할아버지, 할머니, 형, 언니, 누나, 선생님 등등 살아가면서 부모의 역할을 하는 사람을 의미해요. 부모의 역할을 하는 사람의 금지가 초자아를 만들게 되는 거예요. 이렇게 형성된 초자아는 시간이 지나면 사라질까요? 우리가 부모 혹은 부모의 역할이 필요 없는 시기가 되면 초자아는 사라지는 걸까요?

프로이트에 따르면, 마음속 깊은 곳에 자리 잡은 초자아는 어른이 되어서까지 영향을 미쳐요. "양치질 안 하고 자는 건 나쁜 거야!"라는 부모의 금지를 듣고 자란 아이는 어른이 되어서도 양치질을 안 하면 잠이 안 오죠. 마찬가지로, "방 정리 안 할 거면 나가!"라는 부모의 금지를 듣고 자란 아이는 어른이 되어서도 방 정리를 안 하면 불안해져요. 이렇게 초자아를 통해 부모의 영향은 지속돼요. 우리의 자아(의식)는 이 초자아라는 제3의 힘을 늘 고려할 수밖에 없어요.

내 마음을 아는 법

이제 우리의 질문으로 돌아갈까요?

"나의 마음을 어떻게 알 수 있을까요?"

달리 말해, 공부를 해야 하는데 공부가 안 되는 이유가 뭘까요? 그것은 시험공부를 하느라 몸이 지쳐서 잠시 쉬고 싶은데(이드), 초자아가 그것을 금지하기 때문이에요. 즉, 내 마음 깊은 곳(무의식)에서 부모의 목소리가 울려 퍼지기 때문이죠. 자신의 마음을 파악하는 일은 초자아와 관련된 문제예요. 프로이트는 이에 대해 이렇게 말한 바 있어요.

✳

정신 건강은 많은 부분 초자아가 정상적으로 발전하느냐에, 즉 초자아가 사적이지 않고 객관적으로 되는가에 달려 있다.

_지그문트 프로이트, 《정신분석학 개요》

프로이트에 따르면, 정신 건강은 초자아와 긴밀한 관계가 있어요. 초자아가 정상적으로 발전하느냐 아니냐에 따라 정신이 건강할 수도 있고 아닐 수도 있는 거예요. 그렇다면 초자아가 정상적으로 발전한다는 것은 무엇을 의미할까요? 프로이트는 초자아가 사적인 초자아에서 객관적인 초자아가 되는 것이라고 말해요. 객관적인 초자아가 되기 위해서는 어떻게 해야 할까요?

그것은 어린 시절 우리의 마음속 깊은 곳에 각인된 초자아가 지금 내게도 정당한가를 따져 묻는 것으로 시작해야 해요. 여러분 자신에게 스스로 질문해 봐요. 몸이 아파서 공부가 안 될 때조차 책상을 떠나지 못하게 하는 초자아는 정당한 것일까요? 친구들과 여행을 떠난 하루조차 양치질을 못 하면 불안하게 만드는 초자아는 정당한 것일까요? 너무 피곤한 날조차 방 정리를 안 하면 잠을 못 이루게 하는 초자아는 정당한 것일까요?

나의 마음을 알고 싶다면 두 가지 질문에 답할 수 있어야 해요. '내게 남은 초자아는 무엇일까?' 그리고 '그 초자아가 지금 내 삶에도 정당한가?' 내게 남은 초자아는 어떤 것인지 파악하고, 그 초자아가 지금 나의 삶을 더 건강하게 만들어 주는지 답할 수 있어야 해요. 그럴 수 있다면 우리는 스스로의 마음을 조금 더 잘 알 수 있을 거예요. 그때 우리의 마음은 훨씬 더 건강해지고 삶도 유쾌해질 거예요.

노력

왜 노력해도 삶이 나아지지 않을까요?

카를 마르크스_
역사 유물론

"열심히 노력해야 돼!"

부모님도 선생님도 늘 이렇게 말하죠. 왜일까요? 노력이 우리 삶을 더 나은 쪽으로 달라지게 해 줄 것이라 믿기 때문이에요. 그래서 우리는 열심히 공부(노력)하죠. 그렇게 노력하면 좋은 대학에 갈 수 있고, 더 나은 삶이 펼쳐질 것이라 믿기 때문이에요. 하지만 정말 그럴까요? 노력하면 정말 삶이 나아질까요? 현실은 우리의 믿음과 조금 달라요.

아무리 열심히 공부를 해도 원하는 대학에 가지 못할 수도 있어요. 자신이 원하는 대학에 가는 사람보다 그러지 못하는 사람이 언제나 더 많으니까요. 설사 자신이 원하는 대학에 갔다고 해도 삶이 크게 달라지지는 않죠. 좋은 대학에 진학했다고 해서 자신이 원하는 삶을 살게 되는 경우는 드물어요. 이처럼 우리의 믿음과 달리 노력은 우리 삶을 기대만큼 변화시키지 못해요. 이 불편한 진실을 알게 되면 답답한 마음에 이렇게 묻게 될지도 몰라요.

"그렇다면 노력은 할 필요가 없는 거예요?"

이것 역시 합리적인 생각이 아니에요. 노력조차 하지 않는다면 삶이 달라질 가능성은 애초에 없는 것이니까요. 노력한다고 해서 반드시 원하는 삶을 살 수 있는 것은 아니지만, 노력하지 않으면 삶이 달라질 가능성 자체가 없죠. 지금 우리는 노력할 수도, 노력하지 않을 수도 없는 난감한 상황에 빠져 있는 셈이에요. 이런 상황을 벗어나기 위해서는 처음부터 다시 질문해야 해요.

"왜 노력해도 삶이 달라지지 않을까요?"

마르크스의 역사 유물론

이 질문에 대한 답은 《자본론》이라는 책으로 널리 알려진 카를 마르크스(Karl Heinrich Marx)에게 들어 볼까요? 그는 《자본론》을 통해 자본이 무엇인지를 날카롭고 분명하게 밝혔어요. 그 과정에서 인간이 어떻게 자본(돈)의 노예로 전락해 가는지를 명료하게 보여 주었어요. 조금 더 구체적으로 말하자면, 자본이 어떻게 평범한 사람(노동자)들을 착취하는지 보여 준 거예요. 또 평범한 사람(노동자)들은 열심히 노력해도 결국 자본의 노예가 될 수밖에 없는 자본주의 구조를 적나라하게 드러냈죠.

"왜 노력해도 삶이 달라지지 않을까요?"

이 질문에 마르크스는 어떤 답을 해 줄까요? 답을 듣기 전에 마르크스의 '역사 유물론'이라는 개념을 알아야 해요. 우선 '유물론'은 무엇일까요? 유물론은 '물질을 근본적인 실재'라고 여기는 이론이에요. 이는 '마음이나 정신 같은 관념을 실재'로 보는 '관념론'에 반대되는 이론이지요.

책상 위에 컵이 있다고 해 봐요. 유물론자는 컵을 이루는 물질(유리)이 실재라고 생각하고, 관념론자는 컵을 보고 우리의 정신에 생긴 관념(컵의 이미지)이 실재라고 생각해요.

기본적으로 마르크스는 유물론자예요. 물질을 중요하게 생각했어요. 그러니 당연히 '관념론'을 비판했죠. 흥미로운 점은 그가 기존의 전통적인 유물론마저도 비판했다는 거예요. 자신이 유물론자인데 왜 (전통적인) 유물론을 비판했던 걸까요? 전통적인 유물론을 흔히 '기계론적 유물론'이라고 해요. 이것은 "인간이란 자기가 먹는 것과 다르지 않다."는 논리를 생각하면 쉬워요. 즉, 대상을 구성하는 물질적인 것이 그 대상을 규정한다는 의미죠.

유럽에는 성(城)을 개조해서 호텔로 사용하는 경우가 있어요. 기계론적 유물론자에게 과거의 '성'과 지금의 '호텔'은 같은 대상일 거예요. 미세한 개조와 보수는 이뤄졌을지라도 그 대상을 이루는 물질적 면이 거의 유사하기 때문이죠. 하지만 성과 호텔은 다르지요. 성과 호텔이 물질적으로 완전히 같다고 가정하더라도, 그 둘을 같은 대상이라고 말하기 어려워요. 마르크스 역시 이런 기계론적 유물론에 동의하지 않았어요.

역사 유물론은 실천의 철학이다

물질적으로는 같은 성과 호텔이지만 뭔가 다르죠? 마르크스는 그 '뭔가'를 '실천'이라고 말했어요. 이 실천은 영어로 practice인데, 일반적으로 인간의 의식적, 능동적 활동을 의미해요. 즉, 실천은 어떤 이론이나 생각을 의식적, 능동적 행동으로 옮기거나 실행하는 것을 의미해요. 쉽게 말해, 이 실천은 능동적인 노력인 거죠. 마르크스는 성과 호텔의 차이가 바로 실천, 즉 능동적인 노력에 있다고 말해요.

성과 호텔은 분명 다르죠. 구체적으로 어떤 점이 다를까요? 먼저 성은 돈이 있어도 살 수 없었어요. 과거 봉건 시대의 성은 왕이나 영주만이 가질 수 있는 것이었기 때문이에요. 하지만 자본주의 시대의 호텔은 전혀 다르죠. 돈만 있으면 누구든 살 수 있잖아요. 마르크스는 바로 이 다름이 실천을 통해서 이루어졌다고 보고 있어요. 그것은 구체적으로 어떤 실천일까요?

대표적으로 '시민 혁명'과 '산업 혁명'을 들 수 있어요. 이 실천을 통해 성과 호텔의 차이가 발생했어요. 시민 혁명을 통해 '왕-신하', '주인-노예'라는 계급제 사회가 무너지며 시민이 주인이 되는 민주제 사회가 탄생하게 되었죠. 또 산업 혁명을 통해 자본주의 체제가 확립되었어요. 시민 혁명(실천)을 통해 신분제가 사라지면서 형식적으로 누구나 성을 소유할 수 있는 조건이 만들어진 것이고, 산업 혁명(실천)을 통해 한 개인이 성을 소유할 수 있는 거대한 자본을 축적할 수 있는 조건이 마련된 거죠.

시민 혁명과 산업 혁명 같은 하나하나의 실천은 역사적 변화를 만들어요. 이렇게 만들어진 역사적 변화를 통해 물질적으로는 분명 같은 성(귀족의 전유물)과 호텔(돈을 버는 수단)을 분명 다른 것으로 인식하게 된 거예요. 결국 대상(성, 호텔)을 규정하는 것은 물질이 아니라 실천인 거죠. 이것이 바로 역사 유물론의 관점이에요. 개개인의 실천이 만들어 내는 역사에 의해 대상이 규정된다고 보는 것, 이것이 마르크스의 역사 유물론이에요.

우리의 노력은 어떤 실천이었을까

이제 우리의 질문으로 돌아가 볼까요? 왜 노력해도 삶이 나아지지 않을까요? 쉽게 말해, 왜 열심히 공부해도 좋은 대학에 갈 수 없는 걸까요? 우리의 노력이 부족한 걸까요? 아니에요. 전 세계를 둘러봐도 우리나라 학생들만큼 열심히 공부하는 나라는 흔치 않아요. 그러니 이것을 '노력의 양'의 문제라고 말할 수는 없을 거예요. '노력의 종류' 문제일 거예요. 열심히 노력하는 동안 여러분은 이런 질문을 해 본 적이 있나요?

"우리의 노력은 어떤 실천일까?"

역사 유물론을 가능케 했던 것은 분명 실천이죠. 하지만 마르크스의 실천과 지금 우리의 실천은 전혀 달라요. 마르크스의 실천은 체제 자체를 변화시키려는 저항적 실천이었죠. 계급제 사회를 넘어서 민주제 사회로 나아가려는 저항적 실천(시민 혁명) 말이에요. 하지만 지금 우리가 하는 실천은 무엇일까요? 기존 사회 체제에 순종하는 노력 아닐까요? 열심히 공부하는 것은 주어진 입시 체제 안에서 순종하는 실천이잖아요.

순종적인 실천은 체제 안에서 각자 살아남기 위한 노력일 뿐이에요. 이런 실천은 소수의 사람은 더 큰 혜택을 누리고, 다수의 사람은 더 큰 불이익을 받는 지금의 체제를 더욱 견고하게 만들어요. 이런 체제가 유지될 때, 좋은 대학에 들어가는 사람은 소수이고 다수는 원치 않는 대학에 진학해 박탈감을 느끼게 되죠. 이는 당연한 것일까요? 달리 말해, 다수가 좋은 대학으로 진학하는 것은 불가능한 일일까요?

아뇨. 불가능한 일이 아니에요. 프랑스에서는 어느 정도 노력하면 누구나 좋은 대학에 갈 수 있어요. 어떻게 그것이 가능할까요? 모든 대학이 동등하게 좋은 대학이기 때문이에요. 예외적인 극소수의 대학을 제외하면, 프랑스는 대학 사이에 차별이 없어요. 서울대, 연세대, 고려대처럼 대학 간 차별적 서열이 없어요. '파리 1대학', '파리 2대학', '파리 3대학'이 있을 뿐이에요. 여기에서 숫자는 우열을 의미하는 것이 아니라, 평준화된 다수의 '파리 대학'을 구별하는 의미일 뿐이에요.

함께 잘살기 위한 실천

프랑스에서는 우리나라처럼 가혹할 정도로 노력하지 않아도 좋은 대학에 갈 수 있어요. 어떻게 그것이 가능했을까요? 바로 실천 덕분이죠. 한때 프랑스 역시 대학의 서열 문제가 심각했어요. 하지만 학생들 주도로 일어난 '68혁명' 이후, 대학별 서열이 사라졌어요. 우리의 노력이 타인을 밟고 일어서려는 경쟁적인 공부였다면, 프랑스의 노력은 함께 살아가려는 공존의 혁명이었던 셈이죠. 이처럼 마르크스는 체제 자체를 변화시키려는 저항적 노력이 중요하다고 말해요.

＊

흑인은 흑인이다. 특정한 관계 속에서만 노예가 된다.

_카를 마르크스, 《임금 노동과 자본》

서구 사회에서는 한때 많은 흑인들이 노예로 살았죠. 하지만 지금은 아니에요. 이런 변화는 어떻게 가능했을까요? 인종 차별에 저항했던 수많은 흑인들의 실천 때문이었어요. 그들의 실천은 더 인정받는 노예, 더 경쟁력이 있는 노예가 되기 위한 실천이 아니었어요. 인종 차별적 체제에 저항하는 실천이었죠. 백인 전용 버스 좌석에서 일어나지 않아 경찰에 체포되었던 어느 흑인 여성(로자 파크스)의 노력, 흑인이라는 이유로 음식점에서 쫓겨나 자신의 금메달을 강물에 던져 버렸던 어느 흑인 복서(무하마드 알리)의 노력 등, 많은 노력이 있었죠.

그런 저항적 실천(노력)을 통해 흑인은 노예가 아닌 주인이 된 거예요. 흑인은 단순히 피부색만 다를 뿐, 그 이유로 노예일 수는 없어요. '저항적 실천이 없는 특정한 관계' 속에서만 흑인이 노예가 될 뿐이죠.

우리 역시 마찬가지 아닐까요? 우리 역시 공부나 돈에 매여 사는 노예일지 몰라요. 하지만 이것은 우리가 특정한 관계(학벌 중심 체제, 과도한 자본주의 체제) 속에 있기에 그런 거예요. 달리 말해, 우리가 저항적 실천을 통해 다른 관계를 만들어 낸다면 우리는 우리일 뿐, 더 이상 (공부와 돈의) 노예가 아닐 수 있어요.

노력해도 삶이 달라지지 않는다면, '노력의 양'이 아니라 '노력의 종류'를 고민해야 할 때예요. 우리의 노력이 어떤 노력이었는지를 살펴보아야 해요. 우리의 노력은 서로를 밟고 일어서려는 경쟁적인 노력이 아니었을까요? 이런 노력은 우리 삶을 더 나아지게 하기는커녕 점점 더 불행해지는 노예의 삶을 가속화할 거예요. 지금 우리가 해야 할 노력은 다수가 함께 잘 살아갈 수 있는 사회를 만들려는 노력이에요.

그런 노력은 반드시 저항적일 수밖에 없어요. 불합리하고 부조리한 현행 체제에 의문을 품고, 체제를 변화시키려는 노력, 그 실천이 중요해요. 저항적 실천이 우리를 더 나은 삶으로 이끌 테니까요. 지금은 나만 좋은 대학을 가기 위한 노력이 아닌, 다 함께 좋은 대학을 가기 위한 노력이 필요해요. 나만 많은 돈을 벌기 위한 노력이 아닌, 다 함께 잘살 수 있는 노력이 필요할 거예요.

다름

다름은
왜
불편할까요?

헤라클레이토스_
변화

나와 다른 사람들이 있어요. 나와 다른 사람들 가운데 있으면, 크고 작은 불편함을 느낄 때가 많아요. 조용히 있고 싶을 때 쉴 새 없이 떠드는 친구가 있으면 불편하잖아요. 혼자 집에서 있고 싶은데, 동생이 밖에 나가서 놀자고 조르면 귀찮고요. 피자를 먹고 싶은데 어머니가 된장찌개를 먹으라고 하면 반갑지 않죠. 유튜브를 보고 싶은데 아버지가 공부를 하라고 다그칠 때도 불편해요. 이것은 모두 '다름' 때문에 발생한 문제예요.

누군가의 성격, 취향, 생각이 나와 다를 때 불편함을 느껴요. 사람에게만 그럴까요? 아니에요. 사물도 마찬가지예요. 오래 써서 익숙한 아이폰 대신 안드로이드폰을 써야 하는 상황을 생각해 봐요. 앱 구매부터 검색 방법까지 이래저래 불편한 것이 한두 가지가 아닐 거예요. 이처럼 사용하던 물건 대신 새로운 물건을 사용하게 될 때도 우리는 불편해요. 이것 역시 다름의 '문제'예요.

다름=불편함, 같음=편안함

다름은 불편함을 줘요. 동시에 같음은 편안함을 주죠. 다름은 낯섦이고, 같음은 익숙함이기 때문이에요. 낯선 것은 불편하고, 익숙한 것은 편안하잖아요. 우리의 '같음'과 '다름'에 대한 느낌은 이렇게 도식화할 수 있어요.

다름＝불편함＝낯섦
같음＝편안함＝익숙함

우리 집과 친구 집을 생각해 봐요. 우리 집이 편한 이유는 가족과 물건들이 익숙하기 때문이에요. 반면 처음 놀러 간 친구 집이 불편한 이유는 우리 집과 다르고 낯설기 때문이지요.

많은 이들이 '다름'을 피하고 '같음'을 좋아요. 이제 그 이유를 알 수 있어요. 불편하지 않고 편하게 살고 싶기 때문이에요. 새해가 되어 학년이 바뀌어도 반이 바뀌지 않고 같은 반 그대로 올라가기를 바란 적이 있지 않나요? 늘 나와 '다른' 친구 대신 나와 '같은' 친구를 찾으려고 했죠? 그렇게 우리는 '같음＝편안함＝익숙함'의 세계에 머물고 싶어 해요.

하지만 그런 삶이 가능할까요? 아니에요. 세상에는 언제나 나와 다른 것들이 곳곳에 존재해요. 달리 말해, 살아가면서 '다름'은 피할 수 없어요. 그렇다면 우리는 '다름'이 주는 불편함과 불쾌감을 피할 수 없는 걸까요? 이 질문에 답하기 위해서는 처음부터 다시 질문할 필요가 있어요.

"다름은 무엇일까요?"

모든 것은 흐른다

이 질문에 대한 답은 헤라클레이토스(Heraclitus)라는 철학자에게 물어봐요. 그는 기원전 6세기에 살았던 철학자예요. 고대 그리스 철학자 소크라테스보다 이전의 철학자죠.

헤라클레이토스 철학의 핵심은 '변화'에 있어요. 그는 "모든 것은 흐른다!"라고 말하며 세상 만물이 끊임없이 변화한다는 사실을 강조했어요. 또 만물의 근원이 '불'이라고 주장했어요. 하지만 이는 '세계를 구성하는 물질적 원소가 불과 관련 있다'는 단순한 주장이 아니에요. 그보다 조금 더 깊은 의미가 있어요.

헤라클레이토스의 불에 관한 주장 역시 '변화'의 관점에서 바라보아야 해요.

"불의 죽음이 공기의 입장에서는 생겨남이고, 공기의 죽음이 물의 입장에서는 생겨남이다."

헤라클레이토스의 말이에요. 그는 불이 사라질 때 공기가 생겨나고, 공기가 사라질 때 물이 생겨난다고 말했어요. 즉, 불을 세계를 구성하는 요소가 아니라, 세계를 움직이는 원리로 이해한 거예요. 불이 나타나고 사라지고, 그사이에 또 무엇인가가 나타나고 사라지는 원리 말이에요. '모든 것이 변화한다'는 원리로 세상 만물을 이해한 거예요.

헤라클레이토스는 매일 뜨는 해마저 날마다 새롭다고 생각했어요. 그는 해가 날마다 새롭게 바뀐다는 생각을 확장해 우주 전체가 항상 변화한다는 이론을 확립하기에 이르렀죠. 헤라클레이토스에 따르면, 모든 것(만물)은 계속 움직이며 어떤 것도 가만히 정지해 있지 않기 때문에 세계는 끊임없이 흐르는 물과 같아요. 존재하는 만물은 끊임없이 변화하고, 세계는 만물의 변화 그 자체라는 거예요. 쉽게 말해, '모든 것이 변화한다'는 것이고, 이는 '모든 것이 다르다'는 것을 의미해요.

'다름=같음'이라는 수수께끼

어제의 강물과 오늘의 강물은 다르죠. 왜 다를까요? 강물이 계속 흘렀기(변화) 때문이잖아요. 이처럼 '변화'는 '다름'을 낳아요. 세상 만물이 흐른다면 같음은 어디에도 존재할 수 없어요. 모든 것이 흐르는 세상에서 같은 것은 없고 모든 것이 다른 것들일 수밖에 없죠. 헤라클레이토스의 말이 옳다면, 우리는 영원히 불편함과 불쾌함 속에서 살아갈 수밖에 없는 것일까요? 다름은 불편함과 불쾌함을 불러일으키니까요. 여기서 헤라클레이토스의 흥미로운 이야기 하나를 되짚어 볼 필요가 있어요.

✳
흐르는 강물이 의미하는 바는 무엇인가? 그것은 같은 강물에 발을 두 번 담글 수 없다는 것이 아니다. 그것의 진정한 의미는 어떤 것들은 변화함으로써만 같아진다는 것이다.
_헤라클레이토스, 《우주의 파편들》

헤라클레이토스는 '다름＝같음'이라고 말하고 있어요. '수수께끼 같은 사람'은 헤라클레이토스의 별명이에요. 별명처럼 그의 철학은 수수께끼처럼 난해해요. 헤라클레이토스의 수수께끼를 천천히 풀어 볼까요?

강물은 끊임없이 흘러가죠. 거기서 우리는 무엇을 볼까요? 끊임없는 변화를 봐요. 달리 말해, 끊임없이 흘러가는 강물을 보며 같은 강물에 발을 두 번 담글 수는 없음을 생각하게 돼요. 어제 발을 담갔던 강물과 오늘 발을 담근 강물은 분명 다른 강물이니까요.

'강물=강물'인 이유

하지만 우리는 흐르는 강물을 보며 정작 중요한 사실 하나를 보지 못하고 있어요. 어느 날 강물이 흐르지 않고 멈춰 버렸다고 상상해 볼까요? 그때 우리는 그것을 강물이라고 할 수 있을까요? 강물이 아니죠. 흐르지 않는 것은 강물이 아니니까요. 이 상상은 너무 비현실적인가요? 그렇다면 강물 옆에 수로를 파고 파이프를 연결해서 매끈하게 물이 흐르게 해 봐요. 이것은 강물인가요? 아니죠. 이것 역시 강물이라 말할 수 없어요.

강물이 강물인 이유는 무엇일까요? 끊임없이 흘러가며 매 순간 '다름'을 만들어 내기 때문이에요. 매 순간 단 한 번도 같은 적이 없는 물살의 (결코 매끈하지 않은) 출렁임, 그것이 바로 강물이 강물인 이유잖아요. 그 끊임없는 '다름' 때문에 어제 본 그것도 강물이고 오늘 본 그것도 강물이라고 말할 수 있어요. '강물(어제)=강물(오늘)'의 '같음'은 매 순간의 '다름'에서 오는 거예요. 즉, '다름' 때문에 '같음'이 존재하는 것이죠. 헤라클레이토스의 말처럼 '변화함으로써 같아지는' 거예요.

이제 우리는 '다름=같음'이라는 수수께끼를 이해할 수 있어요. 세상 만물은 다르기 때문에 같은 거예요. 시험을 망치면 슬퍼하고, 게임을 할 때 즐거워하는 친구가 있어요. 상황에 따라 매 순간 그 친구의 감정은 다르죠. 하지만 바로 그 '다름'이 있기에 그 친구의 '같음'이 만들어지는 거잖아요. 시험을 망쳐도 슬프고 게임을 할 때도 슬프면(혹은 시험을 망쳐도 즐겁고, 게임을 할 때도 즐거우면), 그 친구는 그 친구가 아닐 테니까요.

다름이 불편한 진짜 이유

이제 우리의 질문으로 돌아갈까요? '다름'은 무엇일까요? '같음'이에요. 다르기 때문에 같아지는 거잖아요. 이제 나와 다른 것들이 왜 불편한지 말할 수 있을 거예요. 다름은 왜 불편할까요? 다른 것은 낯설고, 낯선 것들은 불편하기 때문이죠. 하지만 이는 표면적인 이유예요.

1년 동안 세계 일주를 떠났던 사람을 알고 있는데, 그는 매일 다른 사람, 다른 숙소, 다른 음식, 다른 상황을 만났어요. 하지만 그는 그것이 불편하고 불쾌하기보다 유쾌하고 즐거웠어요.

세상을 둘러보면 나와 다른 것들을 즐거움과 유쾌함으로 받아들이는 사람들이 있어요. 익숙한 물건 대신 낯선 제품을 사용하며 불편함보다 유쾌함을 느끼는 이들도 있고요. 이들은 우리와 무엇이 다른 걸까요? 그들은 의식적이든 무의식적이든 헤라클레이토스의 통찰을 받아들이고 있는 거예요. '세상 만물은 끊임없이 변화하기 때문에 세상에 같은 것은 없다'는 통찰 말이에요.

우리가 다름에서 불편과 불쾌를 느끼는 본질적인 이유가 뭘까요? 그것은 어딘가에 나와 '같음'이 존재할 것이라는 믿음 때문일 거예요. 당연히 있어야 할 것이 지금 내게 없으니 불편하고 불쾌한 것이죠. 하지만 그 믿음은 허황된 것이에요. 헤라클레이토스의 말처럼 모든 것은 변해서 같은 것은 어디에도 존재할 수 없으니까요.

허황된 믿음은 언제나 우리를 불행으로 내몰아요. 어떤 사람도 자신의 팔과 다리가 세 개가 아니라는 사실에 불편함과 불쾌함을 느끼지 않잖아요. 왜 그럴까요? 모든 사람은 팔과 다리가 두 개라는 사실을 알고 있기 때문이에요. 만약 어딘가에 팔과 다리가 네 개인 사람이 존재한다고 믿는다면, 그는 자신의 팔, 다리가 두 개인 것에 대해 불편하고 불쾌해질지도 몰라요.

다름에서 유쾌함과 즐거움을 찾는 법

우리는 일찍이 헤라클레이토스가 보여 준 삶의 진실로 돌아가야 해요. 세계는 흐르는 만물과 같아요. 그래서 모든 것은 변화하게 마련이에요. 그러니 세상에 고정된 같음은 존재할 수 없어요. 세상 모든 것은 매 순간 달라져요. 그 '다름'이 바로 '같음'인 거죠. 매 순간 변화되는 '다름'에 의해 '같음'이 만들어지는 거예요. 이것이 삶의 진실이에요. 이 삶의 진실을 깨닫게 될 때 '다름'에서 유쾌함과 즐거움을 만끽할 수 있어요.

떠드는 친구가 항상 떠드는 사람일 수 없죠. 음악을 들을 때는 조용한 친구이며, 내가 힘들 때는 내 이야기를 들어 주는 친구예요. 동생이 항상 밖으로 나가자고 보채기만 하는 건 아니에요. 피곤할 때는 집에서 쉬는 동생이며, 함께 즐겁게 게임을 할 수 있는 동생이에요. 아버지가 늘 공부하라고 다그치기만 하는 사람일 수는 없어요. 주말에는 함께 축구를 하기도 하고, 내가 아플 때 가장 먼저 달려와 주기도 해요. 매 순간 '다른' 그 모습들이 바로 늘 '한결같은' 친구이며, 동생이며 아버지예요.

'다르기 때문에 같은' 친구, 동생, 아버지를 볼 수 있다면, 그들과 함께하는 시간이 더 유쾌해지고 즐거워질 거예요. 그들이 종종 나를 불편하게 하더라도, 그것 역시 곧 흘러갈 테니까요. 또 그들의 변화(다름) 자체가 바로 내게 너무나 소중한 친구, 동생, 아버지임을 알게 될 테니까 말이에요. 설령 친구, 동생, 아버지가 하나도 변하지 않더라도 그들은 같지 않아요. 그들을 만나는 내가 매 순간 달라지기 때문이에요.

이렇듯 나도 세상도, 모든 것이 변해요. 나와 완전히 같은 것은 그 어디에도 없어요. 심지어 나조차도 흘러가는 강물처럼 변화하니까요. 이러한 삶의 진실을 깨달을 때, 달라지는 나와 달라지는 세상(친구, 가족, 사물)의 교차점에서 기쁨을 느끼게 돼요. 그 기쁨을 느낄 때, 우리는 나와 다른 것(친구, 동생, 부모님, 더 나아가 외국인, 장애인, 성소수자, 난민 등)을 조금씩 더 긍정하게 될 거예요.

다이어트

어떻게
살을 빼야
할까요?

조르주 바타유_
파멸

　많은 친구들이 살을 빼려고 하죠. 왜 그럴까요? 요즘은 음식이
넘쳐 나는 시대잖아요. 과도하게 살찐 사람들이 많은 것은 당연해
요. 살 빼기가 우리 시대의 과제라는 것은 괜한 말이 아니죠. 하지
만 살 빼기라고 다 같은 건 아니에요.
　살 빼기에는 두 종류가 있어요. 타인을 위한 것과 나를 위한 것.
'타인을 위한 살 빼기'는 세상 사람들에게 관심을 받기 위해서 하
는 거예요. 목표는 날씬한 몸매죠. 이런 살 빼기를 하는 이들은 건
강에는 별 관심이 없어서 간혹 건강을 해치기도 하죠.
　'나를 위한 살 빼기'도 있어요. 이것이 진짜 살 빼기죠. 목표는
건강이에요. 건강을 해칠 정도로 비만해서 하는 거라면 이들이야
말로 정말 살 빼기가 필요한 사람들이에요. 세상 사람들에게 보

여 주기 위해서가 아니라 자신의 건강을 지키기 위해 하는 것이 니까요.

'왜 살을 빼야 하나요?'

이 질문이 중요하죠. 타인이 아닌 나를 위해 다이어트를 해야 한다는 사실을 알려 주니까요. 하지만 그보다 더 중요한 문제가 있어요. 살 빼기는 결코 쉬운 일이 아니라는 점이에요. 많은 이들 이 실패하는 것도 그 때문이죠. 그러니 우리에게 정작 중요한 질 문은 이거예요.

"어떻게 살을 빼야 하나요?"

생명체의 근원은 태양 에너지다

이 질문에 대한 답은 프랑스의 철학자인 조르주 바타유(Georges Bataille)에게 들어 봐요. 먼저 바타유가 지구의 생명체를 어떻게 바 라보는지부터 알아봐요. 바타유에 따르면, 지구의 모든 생명체가 존재할 수 있게 해 주는 근원적인 에너지는 태양 에너지예요. 즉, 태양 에너지 덕분에 지구의 생명체가 살아갈 수 있는 거예요.

예를 들어 볼까요? 인간은 소고기를 먹어서 생존하고, 소는 풀 을 먹어서 생존하고, 풀은 물(비)을 섭취해서 생존하죠. 그런데 그 물(비)을 내리게 하는 것은 무엇일까요? 바로 태양 에너지예요. 태 양 에너지가 바다와 강의 물을 증발시켜 비가 내리는 것이니까요.

이처럼 지구의 다양한 모든 생명체는 직접 혹은 간접적으로 태양 에너지를 섭취하기 때문에 생존하고 성장할 수 있어요. 지구 생명체의 에너지가 어디서 왔는가를 따지고 들어가면 그 근본에는 태양 에너지가 있어요.

태양은 꺼지지 않기에 끊임없이 에너지를 공급한다

바타유는 여기서 멈추지 않아요. 태양 에너지에는 문제가 하나 있어요. 바로 태양은 결코 꺼지지 않는다는 거예요. 이것은 무엇을 의미할까요? 지구상의 생명체들이 성장하고 증식하는 데 필요한 에너지의 양은 정해져 있어요. 그런데 지구에는 항상 그 이상의 에너지가 들어오고 있어요. 바타유에 따르면, 지구에 도달하는 태양 에너지가 항상 필요 이상일 수밖에 없어요.

바타유는 이렇게 말해요.

✳

개별적 개체가 항상 자원 고갈의 위험, 그리고 소멸의 위험에 직면하는 반면 일반적 실존, 즉 지구 생명체 전체에게 자원은 항상 넘쳐 난다. 개체의 관점에서 문제는 자원의 부족이겠지만, 전체의 관점에서 문제는 잉여다.

_조르주 바타유, 《저주의 몫》

그렇다면 그 과잉된, 즉 필요 이상의 에너지는 어디에 쓰이는 걸까요? 바타유에 따르면, 필요 이상의 초과 태양 에너지는 체계의 성장에 사용돼요. 쉽게 말해, 지구의 체계(생태계)가 소가 먹기에 풀이 모자라는 체계라면, 그 풀을 더 자라게(성장) 하는 데 태양 에너지가 사용되는 거죠.

✳

지표면의 에너지 작용과 그것이 결정짓는 상황 속에서 살아가는 유기체들은 원칙적으로 삶을 유지하는 데 필요한 에너지보다 많은 에너지를 받아들인다. 그때 초과 에너지는 체계의 성장에 사용될 수 있다.
_조르주 바타유, 《저주의 몫》

소모하거나 폭발하거나

그런데 여기서 우리는 의문이 하나 생기죠. 만약 체계(생태계)가 더 이상 성장할 수 없게 된다면, 혹은 그 필요 이상의 태양 에너지가 그 체계의 성장에 완전히 흡수될 수 없다면 어떤 일이 발생할까요? 쉽게 말해, 태양 에너지는 계속 들어오잖아요. 그러니 풀은 무한히 자랄 것이고, 그 풀을 먹은 소 역시 무한히 증식할 것이고, 그 소를 먹는 인간 역시 그 개체수가 계속 늘어나지 않을까요? 그

때 어떤 일이 벌어질까요?

바타유는, 그 끝에는 '소모' 아니면 '폭발'이 일어날 것이라고 말해요. 예를 들어, 소가 무한히 늘어나는 풀을 적절히 소모하고, 인간이 무한히 늘어나는 소를 적절히 '소모'하면 생태계(체계)는 안정적으로 유지될 수 있다는 것이죠. 그런 적절한 '소모'가 없다면 광기와 폭력의 '폭발'로 이어지게 돼요. 바타유는 이렇게 말해요.

*

> 만약 그 체계가 더 이상 성장할 수 없게 된다면, 또한 그 초과분이 그 체계의 성장에 완전히 흡수될 수 없다면, 초과 에너지는 기꺼이든 마지못해서든 또는 영광스럽게 재앙을 부르면서든 간에, 반드시 대가 없이 상실되고 소모되어야만 한다.
>
> _조르주 바타유, 《저주의 몫》

1800년대부터 인류는 유래를 찾아보기 힘들 정도로 고도의 생산력을 확보했지요. 하지만 불행히도 그 과잉된 에너지를 축적하려고만 했을 뿐 적절하게 소비하지 못했어요. 바타유에 따르면, 1·2차 세계 대전이라는 광기와 폭력으로 얼룩진 두 번의 인류사적 비극은 적절하게 '소모'하지 못해 일어난 에너지 과잉에 의한 '폭발'이었던 셈이에요.

왜 살을 빼야 할까

이제 우리의 질문으로 돌아가서 바타유의 사유 대상을 우리의 몸으로 바꿔 생각해 볼까요? 그러면 어떻게 살을 빼야 하는지에 답할 수 있어요. 비만이 무엇일까요? 그것은 바로 과잉 에너지의 결과예요. 키가 자라고 뼈가 튼튼해질 때까지 영양분(에너지)이 필요하죠. 섭취한 영양분은 몸이라는 체계가 성장하고 일상생활을 하는 에너지로 사용돼요.

그런데 그 아이의 키와 뼈가 계속 성장할 수 있을까요? 누구나 성장이 멈추는 때가 오죠. 혹은 성장기라 하더라도 키와 뼈가 자라는 데 필요한 영양분 이상의 영양분을 섭취하게 될 때가 있죠. 바로 여기서 비만이 발생하는 거예요. 그 성장에 흡수될 수 없을 정도로 많은 음식을 먹는 아이가 비만이 되는 거죠.

비만의 문제는 무엇일까요? 육체적 문제와 정서적 문제가 있어요. 육체적 문제는 무엇일까요? 비만인 아이가 계속 과도하게 영양분을 섭취하면 어떻게 될까요? 뼈가 체중을 버티지 못하는 지경에 이르게 되죠. 정서적 문제는 무엇일까요? 비만인 아이는 종종 신경질적이고 폭력적인 성향을 나타내기도 해요. 이는 과도하게 축적된 에너지를 아이 나름의 방식(소리를 지르거나, 친구와 싸우거나, 물건을 부수거나)으로 소모시키는 행위예요.

두 가지 문제 모두 치명적이에요. 육체적 문제는 아이의 '신체의 파멸'로 이어지게 될 거예요. 정서적 문제는 아이가 맺고 있는

'관계의 파멸'로 이어지게 되겠죠. 이처럼 성장으로 흡수될 수 없는 과도한 에너지를 적절하게 소모하지 못했을 때 그 결과는 분명해요. 개인도 사회도 광기와 폭력으로 인한 파멸로 치달을 수밖에 없죠. 그렇다면 대체 어떻게 살을 뺄까요?

어떻게 해야 살을 뺄 수 있을까

놀랍게도 바타유라면 '파멸'해야 한다고 말할 거예요. 바타유에 따르면, 성장에 사용되지 못하는 과잉 에너지는 필연적으로 발생할 수밖에 없죠. 식물에게 넘쳐 나는 태양 에너지가 있듯이, 우리에게는 음식이 넘쳐 나는 냉장고가 있으니 말이에요.

바타유는 그 과잉 에너지로 인해 결국 파멸에 이를 수밖에 없게 된다고 말하죠. 하지만 바타유의 이 파멸이 '신체의 파멸' 혹은 '관계의 파멸'만을 의미하는 것은 아니에요. 바타유의 이야기를 직접 들어 볼까요?

✳

넘치는 에너지를 소모하는 것과 그것을 이용하는 것은 다른 일이다. (중략) 애초부터 성장에 사용될 수 없는 초과 에너지는 파멸될 수밖에 없다. 이 피할 수 없는 파멸은 어떤 명목으로든 유용한 것이 될 수 없다. 따라서 이제 불유쾌한 파멸보다는 바람직한 파멸,

유쾌한 파멸이 중요해질 것이다. 그리고 그 결과는 분명하게 다를 것이다.

_조르주 바타유, 《저주의 몫》

바타유는 파멸을 불유쾌한 파멸과 유쾌한 파멸, 두 종류로 구별해요. 불유쾌한 파멸은 무엇일까요? '넘치는 에너지를 분출하는 것'이죠. 이는 음식을 많이 먹어서 비만이 된 아이가 신경질을 내고 폭력적인 행동을 하게 되는 것과 같아요. 그렇게라도 에너지를 소모하는 것이죠. 그렇게라도 하지 않는다면 비만은 더욱 심화되어 정말 파멸해 버릴지도 몰라요. 이것은 정말 불유쾌하지 않은가요? 하지만 바타유는 절망적인 전망만을 말하지 않아요.

유쾌한 파멸은 선물이다

유쾌한 파멸은 무엇일까요? 넘치는 에너지를 이용하는 거예요. 이 유쾌한 파멸이 바로 어떻게 해야 살을 뺄 수 있는지에 대해 답을 알려 줄 거예요.

어린 시절, 저는 극심한 비만이었어요. 시도 때도 없이 짜증과 폭력적인 행동을 했지요. 그러던 어느 날 알게 되었어요. 이렇게 살다간 내 인생이 불유쾌한 파멸로 치달을 것이라는 사실을요. 살빼기를 결심했고, 20kg을 감량했어요.

어떻게 살 빼기에 성공할 수 있었을까요? 스스로를 유쾌한 파멸로 이끌었기 때문이에요. 100kg 나갔던 시절 저는 시도 때도 없이 먹었어요. 호주머니에는 늘 초코바와 사탕이 가득 있었죠. 그래서 저는 친구들에게 초코바와 사탕을 나눠 주었어요. 친구가 아니라 나를 위해서 그랬어요.

이것이 바로 바타유가 말한 '유쾌한 파멸'이에요. 파멸이 무엇인가요? 자신이 가진 것을 잃게 되는 거잖아요. 과잉 에너지를 해소하느라 폭력적인 행동을 하게 되면 결국 더 소중한 것을 잃게 돼요. 불유쾌한 파멸이죠. 하지만 내 손에 있던 초코바와 사탕을 친구에게 그냥 줘 버리는 것도 일종의 파멸이에요. 가진 것을 잃게 되는 것이니까요. 하지만 이것은 유쾌한 파멸이에요.

선물은 유쾌한 파멸이죠. 선물은 내 것을 내주지만 내가 기쁜 일이잖아요. 그것도 두 배로 기쁜 일이죠. 내가 살을 뺄 수 있어서 기쁘고, 선물을 받아 든 친구의 밝은 미소를 볼 수 있어서 또 기쁘니까요.

"불유쾌한 파멸보다는 바람직한 파멸, 유쾌한 파멸이 중요해질 것이다. 그리고 그 결과는 분명하게 다를 것이다."

바타유의 이 말을 이제 이해할 수 있을 거예요. 불유쾌한 파멸은 슬픔을 주지만 유쾌한 파멸(선물)은 기쁨을 줘요. 건강한 몸뿐만 아니라 친구의 환한 미소까지요. 살을 빼는 방법은 어렵지 않아요. 유쾌한 파멸, 즉 선물을 하면 돼요.

레토릭

사람들을
설득하고
싶나요?

아리스토텔레스_
에토스, 파토스, 로고스

우리는 많은 대화를 하며 살아요. 대화에는 저마다의 목적이 있지요. 일상적인 의사소통을 위한 대화, 특정한 지식을 배우고 알려 주기 위한 대화, 가벼운 농담처럼 즐거움을 위한 대화. 의사소통, 지식 전달, 즐거움 등이 대화의 대표적인 목적이에요. 하지만 대화의 목적 중 빠뜨릴 수 없는 것이 하나 더 있어요. 바로 설득이에요. 우리는 종종 누군가를 설득하기 위해 대화하기도 하잖아요.

재미있는 게임을 발견했다고 해 봐요. 친구와 그 게임을 함께 하고 싶어요. 하지만 친구가 다른 게임에 빠져 내가 발견한 게임에 시큰둥하다면, 이럴 때 나는 친구를 설득해야 하죠. 이 게임은 정말 재미있다는 나의 의견과 주장을 친구가 받아들일 수 있도록 말이에요. 하지만 쉽지 않을 거예요. 어떻게 설득할 수 있을까요?

설득하는 기술, 수사학

흥미롭게도 이런 설득에 관련된 학문이 있어요. 레토릭(rhetoric), 즉, '수사학'이죠. 수사학(修辭學)이란 '말하는(辭) 법을 익히는(修) 학문'이란 뜻이에요. 즉, 자신의 주장과 의견을 다른 사람들이 받아들일 수 있도록 언어 기법을 연구하는 학문이에요. 수사학은 고대 그리스에서 발전했고, 아리스토텔레스가 《수사학》이라는 책으로 명료하게 정리했어요. 그렇다면 아리스토텔레스는 어떻게 사람들을 설득할 수 있다고 말했을까요?

✳

설득의 수단에는 세 가지 종류가 있다. 첫 번째는 화자의 인품에 있고, 둘째는 청중에게 올바른 (목적한) 태도를 만들어 내는 데 있으며, 셋째는 논거 자체가 그럴듯한 실제 사례를 들어 증명되는 한에 있어서 논거 그 자체와 관련을 맺는다.

_아리스토텔레스, 《수사학》

아리스토텔레스에 따르면, 설득에는 세 가지 요소가 필요해요. 아리스토텔레스는 설득에 필요한 세 가지 요소를 '에토스(ethos)', '파토스(pathos)', '로고스(logos)'라고 했어요. 첫째는 말하는 사람의 인품(에토스), 둘째는 청중이 듣고자 하는 마음이 생기도록 만드는 것(파토스), 셋째는 실제 사례를 들어 증명할 수 있는 논리적 근거

(로고스)예요. 쉽게 말해, 말하는 이가 믿을 만한 사람이어야 하고, 듣는 이들의 마음을 잘 열 수 있어야 하고, 또 논리적 근거를 갖춰 말해야 한다는 것이죠. 이때 설득이 가능하다는 거예요.

너를 믿으니까 너의 말도 믿는다_ 에토스

먼저 '에토스(ethos)'가 무엇인지 알아봐요. 에토스는 쉽게 말해, 말하는 이의 신뢰감(인품)이에요. 에토스에서 도덕이나 윤리를 의미하는 '에틱스(ethics)'라는 단어가 만들어졌어요. 도덕, 윤리가 무엇일까요? 어느 시대, 어느 사회의 구성원들이 공통적으로 받아들이고 있는 관습, 가치관에 결부된 것이에요. 아리스토텔레스에 따르면, 에토스는 대화(설득)를 하고 있는 사회 구성원들이 공통적으로 받아들이고 있는 관습, 가치관 등을 의미해요.

이제 왜 에토스가 말하는 이의 신뢰감을 의미하는지 이해할 수 있을 거예요. "남의 것을 훔쳐서는 안 된다!"라고 말하는 사람이 있다고 해 봐요. 그런데 그 말을 하는 사람이 도둑질을 밥 먹듯 한다면 어떨까요? 우리는 기존의 관습이나 가치관을 벗어난, 그런 비윤리적이고 비도덕적인 사람의 말에 설득될까요? 설득은커녕 "너나 잘해!"라고 반발심이 생길지도 모를 일이에요. 어느 사회의 공통적인 관습과 가치관(에토스)을 벗어나는 삶을 살아왔던 사람의 말에 설득되기는 어려워요.

에토스에 대해 아리스토텔레스는 이렇게 말했어요.

✳

화자의 인품은 그를 신뢰할 만한 가치가 있는 인물로 만들 수 있
게끔 이야기될 때 설득의 원인이 된다. 대체로 우리들은 거의 모든
것에 대해서 믿을 만한 사람을 더욱 쉽게 신뢰하기 때문이다. 정확
한 지식의 범주를 벗어난 문제점에 대해서 의견이 분분할 때 우리
들은 믿을 만한 사람을 절대적으로 신뢰한다.

_아리스토텔레스, 《수사학》

너의 말에 마음이 끌린다_ 파토스

그렇다면 '파토스(pathos)'는 무엇일까요? 파토스는 감정, 충동,
열정 등으로 번역되고는 해요. 아리스토텔레스가 말하는 파토스
는 누군가를 설득하기 위해 사용하는 감정적인 부분을 의미해요.
에토스가 말하는 사람과 관계되는 것이라면 파토스는 듣는 사람
과 관계된 것이에요. 아리스토텔레스에 따르면, 듣는 사람의 감
정, 충동, 열정에 공감하고 교감함으로써 설득이 가능해요. 설득
에서 파토스는 매우 중요해요. 왜냐하면 사람은 항상 논리적이고
이성적으로 판단할 수 있는 존재가 아니거든요. 아리스토텔레스
는 이렇게 말했어요.

✱

어떤 사람을 좋아하는 사람은 자신이 판단해야 하는 자가 죄가 없
거나, 혹은 거의 없다고 생각하기 마련이다. 반면 어떤 사람을 미
워하는 사람은 정반대의 판단을 내릴 것이다. 기대하는 일이 잘
될 것이라 희망을 품고 있는 사람에게 미래는 좋은 것으로 보이
고, 어떤 일에 관심이 없거나 기분이 좋지 않은 사람에게는 정반
대로 보일 것이다.

_아리스토텔레스, 《수사학》

인간은 감정이나 충동, 열정에 휩싸이기 쉬워요. 아리스토텔레
스의 말처럼 좋아하는 사람의 죄는 가벼워 보이고, 싫어하는 사
람의 죄는 무거워 보이니까요. 또 희망적인 사람에게 미래는 좋
은 것으로 보이지만 절망적인 사람에게 미래는 나쁜 것으로 보이
기 마련이잖아요.

배고파서 온 정신이 음식에 팔려 있는 사람이 있다고 해 봐요.
그에게 "인간에게는 밥보다 소중한 것이 많다."는 말이 설득력을
가질 수 있을까요? 어떤 미사여구를 사용해서 대화를 한다고 해도
쉽사리 설득할 수 없을 거예요. 누군가를 설득하고자 한다면 듣는
사람의 파토스를 고려해야 하죠.

듣고 보니 너의 말이 옳다_ 로고스

마지막으로 '로고스(logos)'는 무엇일까요? 로고스는 언어(말, 글) 를 의미해요. 말과 글은 최소한의 논리성이 있어야 해요. 그렇지 않다면 언어(말, 글)의 존재 이유인 의사소통 자체가 불가능하기 때문이에요. 그래서 로고스에는 '언어'뿐만 아니라 '논리'라는 의미도 담겨 있어요. '에토스-화자', '파토스-청자'로 도식화할 수 있다면, '로고스-언어(논리)'로 도식화할 수 있어요. 아리스토텔레스가 말하는 로고스는 듣는 이에게 명확한 증거를 제공하기 위한 논리예요.

로고스가 없다면 설득은 어려워요. 고3 학생들에게 '대학은 가지 않아도 된다'고 설득하는 상황을 생각해 볼까요? 그때 학생들은 이렇게 물을 수 있어요.

"대학을 가지 않으면 어떻게 공부를 해요?"

"대학을 가지 않으면 어떻게 취업을 해요?"

그때 설득하려는 사람이 "뭐, 그냥, 어떻게 되겠지."라고 대충 답을 하면 어떻게 될까요? 설득은 애초에 불가능할 거예요. 이처럼 논리적인 말이나 글로 자신의 주장을 설명할 수 없다면 설득은 어려워지죠.

설득에서 가장 중요한 것은 무엇일까

수사학에 대해 배웠으니 친구에게 새로운 게임을 함께 하자고 설득해 볼까요? 먼저 로고스로 시작해 봐요.

"이 게임이 재미있는 이유는 첫째, 함께할 수 있고, 둘째, 레벨 업이 빨리 되고, 셋째……."

이렇게 논리적으로 말할 수 있겠죠. 그러면 그 친구는 지금 하는 게임을 그만두고 새로운 게임을 하게 될까요? 글쎄요. 확신할 수 없어요. 누군가가 빈틈없는 완벽한 논리로 말한다고 해서 반드시 설득이 되는 건 아니니까요.

그렇다면 이제 파토스로 접근해 봐요. 그 친구는 지금 빠져 있는 게임이 있잖아요. 거기에 온 감정, 열정, 충동이 집중되어 있어요. 그런 친구에게 새로운 게임에 대한 재미를 논리적으로 설명해 봐야 '쇠귀에 경 읽기'일 거예요. 파토스로 설득하려면 지금 빠져 있는 게임을 통해 말해야 해요.

"지금 네가 하고 있는 게임은 이 게임이랑 이 점이 비슷하고 이 부분은 좀 달라. 그래서 더 재미있어."

이제 친구는 설득될까요? 이번에도 확신할 수는 없어요. 듣는 이의 감정을 잘 파악하고 그에 맞춰 말하는 것만으로는 어려울 때가 있어요.

그렇다면 이제 의문이 생기죠. 왜 로고스와 파토스만으로는 설득이 어려운 것일까요?

✳

화자의 인품이 모든 설득의 수단 중에서 가장 막강한 것이라고 주
장하는 바이다.

_아리스토텔레스, 《수사학》

아리스토텔레스에 따르면, 설득의 세 가지 요소 중 가장 중요
한 것이 있어요. 바로 에토스예요. 에토스로 설득하는 것은 어떤
것일까요?

"이 게임이 지금 네가 하는 게임보다 더 재미있어."

이 한마디면 충분해요. 그때 친구는 설득될 거예요. 이게 무슨
말일까요? 에토스는 말하는 사람의 신뢰잖아요. 내가 누구보다 게
임을 오래 해 왔고, 누구보다 게임에 대해 잘 알고 있다는 사실을
친구가 인정한다고 가정해 봐요.

그렇다면 로고스와 파토스를 활용해 구구절절 새로운 게임에
대한 재미를 설명할 필요 없어요.

"이 게임이 더 재미있어."

이 한 마디면 설득 끝이죠. (게임 전문가인) 내가 그렇게 말했다면,
(게임에 관해서는) 나를 믿는 그 친구는 이 게임에 관심이 생길 수밖
에 없죠. 설득의 성공 여부는 설득하기 전에 이미 결정되어 있는
것인지도 모르겠어요. 말하는 사람의 에토스는 설득 전에 이미 존
재하는 것이니까요.

설득이 어려운 이유

생각해 보면 정말 그래요. "대학은 가지 않아도 된다."라고 말하는 사람이 있어요. 그의 말은 조금 논리적(로고스)이지 못해요. 또 그는 학생들의 감정(파토스)을 잘 헤아리지 못했어요. 그래도 우리는 그의 말에 설득될 수 있어요. 그가 중학교를 겨우 졸업하고 사회 밑바닥부터 시작해 고생하며 영향력 있는 소설가가 된 사람이라면 말이에요. 이것이 바로 그의 에토스죠. 이는 달리 말해 그의 삶이 그가 하는 말을 믿을 만한 말로 만들었기 때문이에요. 그것이 말하는 사람의 신뢰도, 즉 에토스예요.

설득은 어려워요. 한 사람의 생각에 영향을 미치는 일은 드물고 힘든 일이에요. 그 이유를 이제 알 수 있어요. 로고스(논리)와 파토스(감정)는 비교적 짧은 시간 동안 연습과 훈련으로 습득할 수 있어요. 하지만 에토스는 다르죠. 자신이 말한 대로 살고, 산 대로 말하는 이가 가진 신뢰도, 그것이 에토스예요. 에토스는 갖추기 어렵죠. 이는 하루아침에 뚝딱 생기는 것이 아니라 긴 시간 지나온 삶의 발자취가 만들어 내는 능력이기 때문이에요.

에토스보다 강력한 설득의 수단도 없죠. 설득에는 분명 로고스도 파토스도 중요해요. 논리를 갖춰 말하고, 듣는 이의 감정을 고려해 섬세하게 말하는 것도 중요한 일이죠. 하지만 에토스가 없다면 그 둘은 너무 쉽게 힘을 잃어요. 반대로 에토스가 있다면 로고스와 파토스가 조금 미약하더라도 설득할 수 있어요. 에토스는 설득하기 전에 이미 설득 중이니까요. 그러니 누군가를 설득하고 싶다면, 가장 먼저 자신의 삶을 돌아보아야 해요. 그리고 물을 수 있어야 해요.

"나는 지금 어떤 에토스를 쌓아 올리고 있는 것일까?"

미래

앞으로 펼쳐질
미래가
궁금한가요?

아우렐리우스 아우구스티누스_
과거, 현재, 미래

　미래가 궁금하지 않은 사람이 있을까요? 어떤 대학을 가게 될까? 어떤 직업을 갖게 될까? 어떤 사랑을 하게 될까? 사람들은 궁금해해요. 하지만 이런 궁금증은 부질없는 것처럼 보여요. 타임머신이 없다면 해소되지 않을 일이니까요. 그런데 타임머신 없이도 이 질문에 답할 수 있다면 어떨까요? 정말이에요. 그러기 위해서 먼저 해야 할 질문이 있어요.

　'시간이란 무엇일까요?'라는 질문이에요. 우리의 미래가 어떤 모습이건 간에 그 미래는 반드시 과거를 지나 현재를 거쳐 도달하게 되죠. 그러니까 미래를 알고 싶다면 먼저 시간, 정확히는 시간의 세 가지 층위(과거, 미래, 현재)가 무엇인지부터 물어야 해요. 그렇다면 이제 다시 질문해야겠죠?

"과거, 현재, 미래란 무엇일까요?"

이 질문의 답은 로마의 철학자이자 대사상가인 아우렐리우스 아우구스티누스(Aurelius Augustinus)에게 들어 보는 것이 좋겠어요. 아우구스티누스는 초대 그리스도교의 대표적인 철학자였어요. 동시에 그는 중세 유럽에서 새로운 문화를 이끈 선구자였어요. 아우구스티누스는 서양 철학사에서 '시간'에 관해 깊이 있게 연구하고 기록한 최초의 인물이에요.

시간의 난해함

생각해 보면 시간이란 것은 참 묘해요. 시간은 항상 우리 곁에 있죠. 아니, 시간이 바로 우리의 삶 그 자체라고 말할 수 있을 거예요. 시간 없이는 아무것도 생각할 수도 느낄 수도 없으니까 말이에요. 그만큼이나 시간은 우리와 밀접한 관계에 있어요.

하지만 시간이 무엇인지 명쾌하게 설명하기는 어려워요. 시간은 그저 흘러갈 뿐 눈에 보이는 것도, 손에 잡히는 것도 아니기 때문이에요. 이런 시간의 난해함에 대하여 아우구스티누스는 이렇게 말했어요.

✳

도대체 시간이란 무엇입니까? 아무도 묻는 사람이 없으면 아는 듯하다가, 막상 묻는 사람에게 설명하려 하면 말문이 막혀 버립니다.

_아우렐리우스 아우구스티누스, 《고백록》

우리는 과거, 현재, 미래를 마치 객관적으로 존재하는 어떤 것이라고 여기죠. 과거, 현재, 미래를 객관적으로 존재하는 어제, 오늘, 내일이라고 생각하기 때문일 거예요. "과거는 어제고, 현재는 오늘이고, 미래는 내일이잖아."라고 말하면 마치 우리는 시간에 대해서 객관적으로 알고 있는 것 같잖아요. 하지만 우리의 생각과 달리 과거, 현재, 미래는 전혀 객관적이지 않아요. 그래서 누군가 막상 시간이 무엇인지 물으면 말문이 막혀 버려요.

과거가 무엇인가요? 그것은 이미 지나가 버린 것이죠. 현재가 무엇인가요? 곧 사라질 지금 찰나의 순간이잖아요. 미래란 무엇인가요? 아직 오지 않은 것이잖아요. 모두 뭔가 있는 것 같지만 막상 잡으려고 하면 사라져 버리는 뜬구름 같아요. 어느 것 하나 객관적으로 존재하는 것이 아니에요. 그래서 막상 시간에 관해 설명하려고 하면 명쾌하게 말할 수 없는 거예요. 아우구스티누스는 이런 난해한 시간에 관해 놀라운 통찰을 보여 주었어요.

과거, 현재, 미래의 정체는 무엇일까

✳

내가 알고 있는 시를 읊조린다고 해 보자. 내가 시작하기 전에 나의 '기다림'은 시 전편에 뻗친다. 그러나 막상 시를 읊조리기 시작하면, 벌써 몇 구절은 과거가 되어 버린다. 그렇게 과거로 따돌려진 시 몇 구절은 내 기억 안으로 들게 된다. 이리하여 내 행동의 존재는 두 군데에 걸치게 된다. 그 하나는 이미 읊조린 것을 '기억함'이고, 또 하나는 읊조릴 것을 '기다림'이다. 이때 '지켜봄'은 현재인 것으로, 미래이던 것이 과거가 되어 이를 거쳐 가는 것이다.

_아우렐리우스 아우구스티누스, 《고백록》

아우구스티누스는 시를 읽는 자신의 모습을 통해 과거, 현재, 미래를 설명하고 있어요. 우리는 시 대신 유튜브 영상을 보는 상황을 떠올려 볼까요? 먼저 영상을 보기 전을 생각해 봐요. 영상을 보는 것은 미래의 일이죠. 그리고 영상을 보는 순간은 현재예요. 그리고 보았던 영상의 내용은 과거가 돼요. 이때 우리의 마음에서 어떤 일이 일어날까요? '기다림', '지켜봄', '기억함'이라는 일이 일어나요. 즉, 영상을 보기 전에는 영상을 보기 위한 '기다림', 영상을 보는 동안에 영상을 보는 '지켜봄', 영상을 보고 나서는 영상을 '기억함'이 발생해요.

바로 이것이 과거, 현재, 미래예요. 과거는 이미 지나가고 존재하지 않잖아요. 그런데 우리는 어떻게 과거를 실제로 존재하는 것처럼 말할 수 있을까요? '기억'하기 때문이에요. 현재는 결코 붙잡을 수 없는 찰나의 순간일 뿐이잖아요. 그런데 어떻게 현재를 말할 수 있을까요? '지켜보기' 때문이에요. 미래는 아직 오지 않았기에 존재하지 않잖아요. 그런데 어떻게 미래를 있는 것처럼 말할 수 있을까요? '기다리기' 때문이에요. 이제 아우구스티누스의 시간에 대한 관점을 이해할 수 있을 거예요.

현재만 있을 뿐 과거, 미래는 없다

＊

엄밀한 의미에서는 과거, 현재, 미래라는 세 시간이 있는 것이 아닙니다. 엄밀하게는 세 개의 시간은 과거의 현재, 현재의 현재, 미래의 현재입니다. 사실 이 세 가지는 의식 속에 있으며 의식 이외에는 찾아볼 수가 없습니다. 과거의 현재는 기억이며, 현재의 현재는 지각이며, 미래의 현재는 기대인 것입니다.

_아우렐리우스 아우구스티누스, 《고백록》

아우구스티누스는 놀라운 이야기를 해요. '과거, 현재, 미래'라는 세 가지 종류의 시간이 있는 게 아니라고 말이죠. 그리고 시간은 현재라는 하나의 시간밖에 없다고 말해요. 찰나의 '지켜봄'의 시간 말이에요. 아우구스티누스에게 과거는 '과거의 현재'고, 미래는 '미래의 현재'예요. 그는 실제로 시간은 '과거의 현재', '현재의 현재', '미래의 현재'라고 말해요.

난해한 이야기가 아니에요. 과거가 있다면 그것은 그 과거가 진행 중일 때였던 '과거의 현재'뿐이잖아요. 어제 유튜브 영상을 보았던 것은 과거고, 그것은 이미 지나가 버렸어요. 그 과거는 어제 영상을 보고 있었던 '과거의 현재'일 뿐인 거죠. 마찬가지로, 미래가 있다면 그것은 앞으로 다가올 미래가 현재가 될 때뿐이에요. 내일 유튜브 영상을 볼 일은 아직 오직 않았죠. 그 미래는 내일 영상을 보고 있을 '미래의 현재'일 뿐이에요. 결국 그 모든 것은 현재일 뿐이죠.

그렇다면 그 '과거의 현재(과거)', '현재의 현재(현재)', '미래의 현재(미래)'는 어떻게 알 수 있을까요? 그것은 모두 우리의 마음(의식) 속에서 일어나는 일이에요. '과거의 현재'는 어떻게 알 수 있을까요? '기억'하기 때문이에요. 어제 보았던 영상을 기억하기 때문에 과거를 알 수 있는 거죠. '현재의 현재'는 어떻게 알 수 있을까요? '지각(지켜봄)'하기 때문이에요. 지금 영상을 지켜보고(지각) 있기 때문에 현재를 알 수 있는 거죠. '미래의 현재'는 어떻게 알 수 있을까요? '기대(기다림)'하기 때문이에요. 내일 영상을 볼 것을 기대(기다림)하기 때문에 미래를 알 수 있는 거예요.

과거=기억, 현재=지각, 미래=기대

'과거=기억', '현재=지각', '미래=기대'. 이것이 아우구스티누스가 밝혀낸 시간이에요. 과거, 현재, 미래라는 시간은 객관적인 것이 아니라, 지극히 주관적인 거예요. 쉽게 말해, '기억, 지각, 기대'라는 우리 마음의 세 가지 기능이 바로 과거, 현재, 미래라는 시간을 의미하는 거예요. 생각해 보면 이는 지극히 옳은 말이에요.

과거에 다퉜던 친구와 이야기를 나눠 본 경험이 있나요? 그 친구는 '내가 잘못해서' 싸웠다고 말하고, 나는 '그 친구가 잘못해서' 싸웠다고 말할 거예요. 왜 이런 일이 벌어질까요? 친구의 과거와 나의 과거가 다르기 때문이에요. 이건 당연해요. 친구의 기억과 나의 기억은 다를 수밖에 없어요. 기억(과거)은 객관적인 기록이 아니라 주관적인 해석에 가까우니까 말이에요. 이처럼 과거는 '주관적인 기억'일 뿐이에요.

이제 현재에 대해 이야기해 볼까요? 친구와 떡볶이를 먹으러 갔어요. 그런데 공교롭게도 함께 간 친구가 색맹이었어요. 현재 우리는 똑같이 빨간 떡볶이를 먹고 있는 게 아니에요. 그 친구와 나는 다른 현재에 있는 거예요. 나는 빨간 떡볶이를 먹는 현재에 있고, 색맹인 친구는 (내가 보는 빨간색이 아닌) 다른 색의 떡볶이를 먹는 현재에 있는 거예요. 이는 친구와 내가 다르게 지각(지켜봄)했기 때문이죠. 이처럼 현재는 '주관적인 지각'일 뿐이에요.

미래도 마찬가지예요. 나의 미래에 대해서 부모님과 이야기를 나눈다고 생각해 봐요. 나는 가수가 될 수 있을 거라고 말하고, 부모님은 가수가 될 수 없을 거라고 말해요. 각자 다른 미래를 생각하는 거잖아요. 나와 부모는 다른 미래를 갖고 있는 셈이에요. 왜 이런 일이 일어날까요? 내가 나에게 기대(기다림)하는 것과 부모님이 나에게 기대(기다림)하는 바가 다르기 때문이에요. 이처럼 미래는 '주관적인 기대'일 뿐이에요.

기대하고 기다리는 것이 바로 우리의 '미래'다

이제 우리의 질문으로 돌아갈 수 있어요. 아직 오지 않은 미래를 어떻게 알 수 있을까? 미래는 '미래의 현재'이고, 이는 우리의 '기대(기다림)'잖아요. 어떤 대학을 가게 될까? 어떤 직업을 갖게 될까? 어떤 사랑을 하게 될까? 이것은 모두 미래의 일이죠. 하지만 이 미래는 모두 기대(기다림)일 뿐이에요. 우리의 미래는 우리가 간절히 기대하고 기다리는 모습으로 찾아오게 마련이에요.

여기서 오해하지 말아야 할 것이 있어요. 미래=기대(기다림)라는 말을, '막연하게 기대(기다림)만 하면 원하는 미래에 닿을 수 있다'는 의미로 오해해서는 안 돼요. 막연한 기대(기다림)는 진정한 의미에서 기대(기다림)가 아니에요. 예를 들어 볼까요? 배가 고픈 성찬이와 종혁이가 있어요. 성찬이는 막연하게 밥 먹을 것을 기대(기다림)해요. 그는 미래에 밥을 먹을 수 있을까요? 아닐 거예요. 게임을 하거나 친구와 노느라 밥을 먹는 미래를 맞이하지 못할 거예요.

종혁이는 간절하게 밥 먹을 것을 기대(기다림)하고 있어요. 그는 반드시 밥을 먹을 수 있어요. 물론 그 밥이 애초에 종혁이가 기대했던 김이 모락모락 나는 하얀 밥은 아닐 수 있어요. 찬밥일 수도 있고 아니면 빵일 수도 있을 거예요. 하지만 반드시 어떤 밥을 먹게 될 거예요. 간절히 기대(기다림)하기에 부엌과 냉장고를 샅샅이 뒤질 테니까. 진정한 기대(기다림)에는 그런 모든 노력이 이미 포함되어 있어요.

아우구스티누스의 철학을 알고 있는 우리에게 미래를 아는 것은 어려운 일이 아니에요. 과거는 기억이고, 현재는 지각이고, 미래는 기대예요. 그러니 미래를 알고 싶다면 자신이 무엇을 기대(기다림)하고 있는지 점검하면 돼요. 막연한 기대(기다림)가 아닌, 너무도 간절한 기대(기다림). 지금 여러분은 어떤 삶을 간절히 기대하고 있나요? 그것이 무엇이든 간에 여러분의 미래가 될 거예요. 우리는 기대(기다림)하는 미래를 맞이하게 될 테니까 말이에요.

민주주의

진정한
민주주의는
어떤 것일까요?

자크 랑시에르_
정치와 치안

"대한민국은 민주공화국이다. 대한민국의 주권은 국민에게 있고, 모든 권력은 국민으로부터 나온다."

대한민국 현행 헌법(국가의 근본이 되는 최고 법규)의 첫 조항이에요. 이 글귀처럼 우리는 너무나 당연하게 민주주의 국가에서 살고 있다고 믿고 있어요. 학생일 때는 학급의 대표를 직접 선택하고, 어른이 되면 국가의 대표(국회의원, 대통령 등) 역시 우리가 직접 선택하기 때문일 거예요. 하지만 정말 그럴까요? 우리는 민주주의에서 살고 있을까요? 과연 민주주의(民主主義)란 무엇일까요? 말 그대로 우리(民)가 주인(主)이 되는 사회 체제예요.

이제 다시 물어볼게요. 우리는 국가의 주인일까요? 그렇게 믿고 싶을 뿐, 우리는 주인이 아니에요. 대통령, 국회의원, 혹은 그에 준

하는 권력자들이 사실상 주인이잖아요. 그들이 결정하면 우리는 따라야 하니까요. 그들이 우리의 수업 시간을 늘리면 우리는 길어진 수업을 들을 수밖에 없어요. 그들이 대학 등록금을 인상하면 우리는 그만큼의 돈을 내고 대학을 다닐 수밖에 없어요. 그들이 최저임금을 정하면 우리는 그만큼의 노동 대가를 받을 수밖에 없어요.

권력자들이 하라는 대로 해야 하고, 그들이 하지 말라는 일은 할 수 없어요. 노골적으로 말해, 권력자들이 주인이고 우리는 노예에 가깝죠. 그런데 의아하지 않나요? 이런 명백한 상황에도 많은 사람들이 자신은 민주주의를 누리며 살고 있다고 믿고 있으니까요. 왜 이런 일이 벌어진 것일까요? 그것은 우리의 민주주의가 '대의(代議)민주주의'이기 때문이에요.

대의 민주주의가 무엇일까요? 선거를 통해 우리를 대신(代)해서 우리의 주장(議)을 관철시킬 대표를 뽑는 민주주의 체제예요. 이는 이론적으로 보면 분명 민주주의지요. 우리가 직접 국가의 여러 가지 문제를 결정하지는 못하지만, 그 결정을 할 사람들을 우리가 뽑으니까요. 선거를 통해 대표자(국회의원, 대통령)를 선출하기 때문에 형식 논리상 우리가 주인인 셈이죠. 대의 민주주의 안에서 이론적으로는 우리가 주인이고, 대표자가 삯을 받고 일을 대신하는 일꾼이죠.

대의 민주주의라는 환상

하지만 대의 민주주의는 진정한 의미에서 민주주의라 말할 수 없어요. 학생회장 선거를 예로 들어 볼까요? 학생회장 후보자는 학생들의 의견을 유심히 듣고, 그 의견이 반영될 수 있도록 최선을 다하겠다고 말하죠.

하지만 학생회장으로 당선되고 나면 어떨까요? 그때는 학생들의 의견을 들을 것인지 무시할 것인지는 학생회장의 마음이죠. 학생회장이 마음에 안 들어도 학생들이 할 수 있는 건 없어요. 학생회장은 선거를 통해 당선되었으니까요.

국회의원, 대통령 같은 다른 대표자들도 마찬가지예요. 선거를 통해 선출된 대표자는 당선되는 그 순간 우리가 통제할 수 없는 권력자가 돼요. 대표자는 당선되기 전까지만 우리에게 머리를 숙일 뿐, 당선되는 순간, 즉 권력을 갖게 되는 순간부터 상황은 뒤집히죠. 그들이 주인이 되고 우리는 노예가 되는 거예요. 서민을 위해 일하겠다던 국회의원이 서민을 더욱 고달프게 하는 법안을 발의하는 것은 너무나 흔한 일이에요.

대의 민주주의에 의해 선출된 권력자는 무소불위의 권력을 가지게 돼요. 그들은 권력으로 우리를 노예로 전락시키며 독재를 하죠. 독재가 무엇일까요? 우리(民)의 동의 없이, 혹은 우리의 의사에 반하는 권력을 행사하는 것, 그것이 독재예요. 시민들을 가두고 고문하고 죽이는 것만이 독재가 아니에요.

미국 대통령이었던 도널드 트럼프의 사례로 이야기해 볼까요? 한때 미국 사회에서는 한인을 포함한 많은 평범한 이민자들이 미국으로부터 추방당하거나 추방당할지도 모른다는 두려움 속에서 살아야만 했어요. 이는 트럼프 대통령이 실시한 과도하고 불투명한 '무자격 이민자 추방 정책' 때문이었죠. 이 정책 때문에 수십 년을 살아온 땅에서 어느 날 갑자기 쫓겨나야 할 처지에 놓이게 된 이들이 적지 않았어요. 트럼프 대통령이 미국 시민들의 동의도 없이, 아니 시민들의 의사에 반하게 평범한 사람들의 삶의 터전을 빼앗은 셈이죠. 이것은 심각한 독재예요.

여기서 잊지 말아야 할 사실이 있어요. 도널드 트럼프는 미국 시민들이 선거를 통해 직접 선출한 대통령이었다는 사실이에요. 참혹한 살육을 자행한 희대의 독재자, 히틀러 역시 정당한 선거를 통해, 그것도 압도적 표 차이로 당선되었다는 사실을 잊어서는 안 돼요.

이처럼 민주주의라는 이름 아래 선출된 권력자들의 독재, 그것이 대의 민주주의의 민낯이에요. 하지만 딱히 할 말도 없는 것이 어찌 보면 우리가 스스로 독재를 선택한 셈이거든요. 그래서 대의 민주주의 아래에서는 대표자의 독재에 대해 문제 삼기가 어려워요. 이처럼 역설적이게도 대의 민주주의는 반(反)민주주의적, 그러니까 독재적으로 작동하게 돼요. 그러니 이제 우리는 물어야 해요. "진정한 민주주의는 어떤 것일까요?"

직접 민주주의

답은 의외로 간단해요. 직접 민주주의를 하면 돼요. 대의 민주주의의 문제가 무엇이었나요? 우리의 의견과 우리가 선출한 권력자의 의견이 다른 것이었죠. 그렇다면 우리가 직접 의견을 주장하면 문제가 없을 거예요. 국가의 의사 결정과 집행에 우리가 직접 참여하는 것, 그것이 직접 민주주의예요. 실제로 이런 직접 민주주의가 시행된 적이 있었어요.

고대 그리스에는 '폴리스'라는 도시 국가들이 있었어요. 그중 아테네에서 이런 직접 민주주의의 기원을 엿볼 수 있어요. 아테네인들은 '아고라'라는 광장에 모여 국가에 관련된 의사 결정과 집행에 직접 참여했어요.

지금 우리도 '아고라'에 모여 직접 민주주의를 하면 되는 것 아닐까요? 그런데 이것이 말처럼 쉽지가 않아요. 우선 아테네는 인구가 적은 공동체였어요. 게다가 아테네인들 중 정치에 직접 참여할 수 있는 '시민'은 한정적이었죠. 성인 남자만 정치에 참여하는 시민이었고, 노예나 여성, 미성년자와 외국인 등은 제외되었거든요. 그래서 광장에서 함께 토론하며 직접 민주주의를 구현할 수 있었던 거예요. 하지만 지금은 어떤가요? 전 국민이 다 모여서 의사소통을 하는 것은 현실적으로 불가능해요. 그렇다면 인구도 많고 복잡다단한 오늘날 직접 민주주의는 영원히 불가능한 것일까요?

정치와 치안은 어떻게 다를까

이 질문에 답하기 전에 자크 랑시에르(Jacques Ranciere)라는 프랑스 철학자를 만나 봐요. 랑시에르는 대의 민주주의가 아니라 진정한 민주주의를 어떻게 실현할 수 있는지 깊이 고민했어요. 그는 어떻게 진정한 민주주의를 구현할 수 있다고 생각했을까요? 바로 '정치'와 '치안'을 구분하는 것이었어요.

앞서 말했듯이 직접 민주주의는 고대 그리스의 도시 국가 체제인 '폴리스'에서 시작되었어요. '폴리스'라는 말에서 유래한 두 가지 단어가 있어요. '정치'를 의미하는 '폴리티크(politique)'와 '치안'을 의미하는 '폴리스(police)'예요. 랑시에르는 '정치'와 '치안'을 구분해야 하며 이 둘은 대립 관계에 있기 때문에 혼동하지 말아야 한다고 주장했어요. 랑시에르의 이야기를 직접 들어 볼까요?

✳

치안은 정치의 대립물이며, 치안과 정치 각각의 영역으로 귀속되는 것을 구분하는 것이 좋다.

_자크 랑시에르, 《불화》

랑시에르가 말한 '치안(police)'은 무엇일까요? 랑시에르가 말한 치안은 우리가 아는 사전적 의미가 아닌, 국민과 약자를 억압한다는 부정적 의미를 담고 있어요. 몇 년 전에 우리나라에서 있었던 백남기 농민 사망 사건을 예로 들어 볼게요. 당시 정부가 농업 관련 공약을 이행하지 않자, 백남기는 농민들과 시위에 참여했어요. 그런데 시위를 저지하려던 경찰이 쏜 물대포에 맞아 의식을 잃었고 결국 목숨을 잃었어요. 이것이 '치안'의 대표적 사례예요. 세월호 사건의 진실을 밝히라고 광화문에서 사람들이 시위할 때, 경찰이 저지하는 것도 '치안'의 사례예요.

치안은 정치가 아니다

'치안'은 얼핏 보면 별문제가 없는 것처럼 보이기도 해요. 물대포를 쏜 경찰은 법대로 한 것이잖아요. 그리고 그 법은 우리가 직접 선출한 정치인들이 만든 것이니까요. 그러니까 '치안'을 행사할 법을 우리가 만든 것이라고 볼 수 있어요. 즉, 경찰이 행한 '치안'은 우리가 선택한 결과죠. 그래서 별문제가 없어 보이기도 해요.

이런 일은 학교에서도 얼마든지 일어날 수 있어요. '학생이 주

인이 되는 학교를 만들겠다'고 약속하고 선출된 학생회장이 있어
요. 그런데 학생회장은 교복을 단속하고, 소지품 검사를 하는 등
선생님보다 더 억압할 수 있어요. 친구들은 학생회장에게 "왜 네
마음대로 해?"라고 따져 물을 거예요. 그때 학생회장은 이렇게 답
하겠죠.

"왜 이제 와서 딴소리야. 나를 뽑은 게 너희잖아!"

하지만 이는 간교한 억지 논리예요.

생각해 봐요. 우리가 권력자를 뽑았다 하더라도, 실제로 그 법
을 발의하고 집행한 것은 권력자예요. 우리는 누구도 백남기 농
민에게 물대포를 발사해도 좋다고 허락한 적이 없어요. 하지만 권
력자들은 당선되었다는 이유 하나만으로 우리의 생각과는 다른 권
력(폭력과 독재)을 행사할 수 있게 돼요. 이처럼 대의 민주주의는 법
을 통해 독재를 할 수 있는 '입법 독재'의 가능성이 항상 열려 있
는 셈이에요. 그렇다면 '치안'과 대립되는, 랑시에르가 말한 '정치'
는 무엇일까요?

＊

정치는 권력 행사가 아니다. (중략) 정치의 본질은 두 세계가 하나
의 유일한 세계 안에서 현존하는 불일치를 현시하는 것이다.

_자크 랑시에르,《정치적인 것의 가장자리에서》

랑시에르는 '정치'는 권력 행사가 아니라고 말해요. 자신의 주장을 드러내는(시위) 이들에게 경찰이 물대포를 쏘는 권력 행사는 '정치'가 아니라는 것이죠. 그것은 '치안'일 뿐이에요. 랑시에르에 따르면, '정치'의 본질은 두 세계가 하나의 세계 안에 서 있기에 발생할 수밖에 없는 마찰(불일치)을 드러내는 일이에요. 어려운 말이 아니에요. 우리는 2016년 겨울 광화문에서 랑시에르가 말한 '정치'를 이미 경험했으니까요.

2016년에는 두 세계가 있었다고 할 수 있어요. (박근혜로 상징되었던) 권력자의 세계와 (시민으로 상징되었던) 우리의 세계. 이 두 세계는 대한민국이라는 하나의 세계 안에 있었어요. 그런데 더 이상 국정 농단을 참을 수 없었던 시민들이 현재 존재하는 불일치(마찰)를 명백히 드러냈어요. 수많은 '우리'가 촛불을 들고 거리로 쏟아져 나와 대통령의 탄핵을 소리 높여 외쳤으니까요. 이것이 바로 랑시에르가 말한 '정치'예요. 랑시에르는 '정치'에 대해 조금 더 분명하게 말해요.

진정한 민주주의는 '정치'다

✳

"그냥 지나가시오! 여기에는 아무것도 없어!" 치안은 도로 위에 아무것도 없으며, 거기에서는 그냥 지나가는 것 말고는 달리 할 것이 없다고 말한다. 치안은 통행 공간이 통행 공간일 뿐이라고 말한다. 정치는 이 통행 공간을 한 주체 ─ 인민·노동자·시민 ─ 의 시위(드러냄) 공간으로 변형하는 것으로 이뤄진다. 정치는 공간을 바꾸는 것, 곧 거기에서 할 것이 있고, 볼 것이 있으며, 명명할 것이 있는 것으로 바꾸는 것으로 이뤄진다.

─자크 랑시에르, 《정치적인 것의 가장자리에서》

'치안'은 시위가 시작되려는 도로에서 이렇게 말해요.

"그냥 지나가시오! 여긴 아무것도 없소!"

'치안'은 광화문은 광화문일 뿐이라고 말하죠. 하지만 '정치'는 그 공간을 변형하는 것으로 이뤄져요. 바로 주권자로서의 우리가 광화문을 우리의 주장을 드러낼 시위의 공간으로 변형하는 거죠. 즉, 우리가 광화문을 그저 광화문이 아닌, 그곳에서 할 것이 있고 볼 것이 있고 말할 것이 있는 공간으로 바꾸는 것, 그것이 바로 '정치'예요.

그래서 '정치'는 '치안'과 곳곳에서 마주치며 또 대립할 수밖에 없는 거예요. 선출된 권력자들은 '치안'으로 '정치'를 누르려고 하니까 말이에요.

　진정한 민주주의는 '치안'이 아니라 '정치'예요. 흔히 우리는 선거를 '정치의 꽃'이라고 말하죠. 이는 틀린 말이에요. 정치의 꽃은 시위예요. 주어진 조건 때문에 우리는 어쩔 수 없이 대의 민주주의로서 권력자를 선출할 수밖에 없죠. 하지만 이는 '정치'라기보다 '치안' 혹은 '치안의 시작'에 가까울 거예요.

　진정한 '정치'는 단호한 시위에 가까워요. 선출된 권력자들이 우리의 동의 없이, 혹은 우리의 의사에 반하는 권력 행사를 할 때 단호하게 저항하는 시위 말이지요.

　많은 현대 철학자들이 민주주의를 논의할 때, 선거보다 시위를, 권력자의 선출보다 소환을, 권력자의 권력 보장보다 권력 통제를 주장하는 것도 그래서일 거예요. 진정한 민주주의는 '치안'에 순응하는 것이 아니라, 시위를 통해 권력자를 소환하고, 권력자를 통제하는 것으로 가능하니까 말이에요.

　도로를 시위의 공간으로 변형할 때 우리는 진정한 민주주의를 실현해 나갈 수 있어요. 진정한 민주주의는, 진정한 주권자(주인)는 그렇게 탄생하게 돼요. 진정한 민주주의는 '치안'이 아닌 '정치'를 통해 가능해질 수 있어요.

변화

나는 왜
변하지
못할까요?

장 폴 사르트르_
탈존

"나는 왜 항상 작심삼일일까?"

"나는 왜 이리 소심할까?"

'나'는 늘 변하고 싶어요. 당연한 일일 거예요. 자신에게 완전히 만족하는 사람은 없으니까요. '나는 왜 이리 쉽게 포기할까?', '나는 왜 이리 말을 못 할까?' 등 누구나 이런 불만족을 갖고 살아요. 전과 다른 사람으로 변해서 어떤 일을 하더라도 끈기 있게 하고, 누구 앞에서라도 조리 있게 말하는 사람이 되고 싶죠. 하지만 쉽지 않죠. 변하고 싶다는 바람과는 달리 우리는 늘 제자리예요. 그 때문에 우리는 자신을 얼마나 다그쳤던가요?

우리를 정말 힘들게 하는 것은, '작심삼일인 나', '소심한 나'가 아닐 거예요. '끈기 없는 자신을 변화시키지 못하는 나', '소심한 자신을 변화시키지 못하는 나'일 거예요. '끈기 있는 사람이 되자.', '강단 있는 사람이 되자.' 다짐하지만 결국 변하지 못한 '나'를 지켜보는 것, 그것이 진짜로 우리를 힘들게 한 것은 아닐까요? '어제와 다른 나'가 되어, '나'를 긍정하고 싶다면 먼저 해야 할 질문이 있어요.

"나는 왜 변하지 못할까요?"

본질이 정해져 있는 존재

이 질문에 대한 답은 사르트르에게 들어 볼까요? 사르트르는 인간을 '자유롭도록 저주 받은 존재'로 규정하면서 인간의 자유를 극한까지 추구했던 프랑스의 실존주의* 철학자예요. 사르트르에 따르면, 인간에게는 자유가 주어져 있기 때문에 언제나 다른 존재로 변할 수 있어요. 사르트르는 이렇게 말해요.

✳

실존은 본질에 앞서서 온다.

_장 폴 사르트르, 《실존주의는 휴머니즘이다》

---

* 인간이라는 존재를 이성 혹은 인간성 같은 고정된 보편성으로 파악하는 것이 아니라 늘 변할 가능성이 있는 존재로서 파악하려는 사상적 흐름.

이 난해한 말을 이해하기 위해서는 먼저 '실존'과 '존재'라는 개념을 구분할 필요가 있어요. '실존'과 '존재'는 달라요. '존재'는 '본질'이 미리 정해져 있는 사물이에요. 예를 들어 가방, 연필, 책, 컴퓨터 같은 것들은 '존재'예요. 가방, 연필, 책, 컴퓨터 같은 '존재'는 결코 '본질'보다 앞서서 오지 않죠. 가방의 '본질'이 무엇인가요? '무엇인가를 담을 수 있는 어떤 것'이잖아요. 가방은 이런 '본질'을 떠올린 후에야 '존재'하게 되는 것이죠.

이 물건들에는 각자의 '본질'이 있어요. '쓸 수 있는 어떤 것', '읽을 수 있는 어떤 것', '계산할 수 있는 어떤 것' 등 누군가 이 '본질'을 먼저 떠올린 후에야, 누군가 그것들을 만들어 연필, 책, 컴퓨터를 '존재'하게 하죠. 우리 주변에서 흔히 볼 수 있는 것들은 모두 '존재'라고 생각하면 돼요. 먼저 '본질'이 있고, 그 '본질'을 실현하는 방식으로 '존재'하게 되죠.

탈존(existence)

그렇다면 '실존'은 무엇일까요? '본질에 앞서서 오는 것'이에요. '본질'이 규정되기 전에 이미 존재하는 것이 바로 '실존'이에요. 그런데 세상 만물 중 '실존'이란 것이 있을까요? 가방, 연필, 책, 컴퓨터, 집 등 세상에 존재하는 것들을 생각해 봐요. 모두 (담을, 쓸, 읽을, 계산할, 거주할) '본질'이 미리 정해져 있고, 그것이 실현되는 '존재'들이잖아요. 하지만 '본질에 앞서는 하나의 존재(실존)'가 있어요. 사르트르는 이렇게 말해요.

✳

본질보다도 앞서는 하나의 존재, 그 어떤 개념으로도 정의되기 이전에 존재하는 하나의 존재가 있다. 바로 그 존재가 인간이다.

_장 폴 사르트르, 《실존주의는 휴머니즘이다》

'본질보다 앞서는 하나의 존재', 그것은 바로 인간이에요. 인간은 '존재'가 아니라 '실존(existence)'이에요. '존재'를 다시 생각해 볼까요? 존재는 본질에 갇혀 있어요. 가방, 연필, 책, 컴퓨터라는 '존재'를 생각해 봐요. 그 '존재'들은 각각의 주어진 '본질'을 실현함으로써 '존재'하고, 동시에 그 '본질'을 결코 벗어날 수 없어요. 담을 수 있을 때까지 가방이고, 담을 수 없는 가방은 더 이상 가방이 아니니까 말이에요.

'존재'는 결코 '본질'에서 벗어날 수 없어요. 하지만 '실존'은 다르죠. 본질에 갇혀 있지 않아요. 인간은 '그 어떤 개념으로도 정의되기 이전에 존재하는 하나의 존재'이기 때문이에요. 생각해 보세요. 인간에게는 실현되어야 할 미리 정해진 본질 같은 것은 없어요. 무언가를 담기 위해 태어난 사람이 있을 리 없잖아요. 특정한 본질을 실현하기 위해 태어난 인간은 없어요. 왜 그럴까요? 인간은 자유롭기 때문이에요.

그래서 엄밀히 말해 'existence'은 '실존'이 아니라 '탈존'으로 번역해야 옳아요. 인간은 끊임없이 주어진 본질 밖으로(exit-) 벗어날 수 있는 '탈존'이에요. 자유로운 인간에게 미리 정해진 '본질'은 있을 수 없어요. 미리 주어진 본질이 없기에 인간은 매 순간 스스로 자신의 본질을 만들어 가야 하죠. 자유로운 인간은 스스로 자신의 본질을 만들어 가기 때문에 무엇으로든 변할 수 있어요. 아들에서 대학생으로, 군인으로 또 직장인으로 그때마다 주어진 본질 밖으로 벗어나려고 하는 것이 바로 인간이잖아요.

✳

사람은 다만 그가 스스로를 생각하는 그대로일 뿐 아니라, 또한 그가 원하는 그대로다. 그리고 사람은 존재 이후에 스스로를 원하는 것이기 때문에 스스로가 만들어 가는 것 외에는 아무것도 아니다. 이것이 실존주의의 제1원칙이다.

_장 폴 사르트르, 《실존주의는 휴머니즘이다》

사람은 어떻게 변할 수 있을까

그런데 한 가지 의문이 남아요. 왜 인간만이 본질 밖으로 나서서 자신의 본질을 새롭게 만들 수 있을까요? 사르트르는 이렇게 답해요.

"인간은 대자(對自)적 존재이기 때문이다."

이 말이 난해한 이유는 한 단어 때문이에요. '대자(對自)'. 대자는 '자신에 대해서 답할 수 있음'을 의미해요. 이는 쉽게 말해 인간은 스스로 반성할 수 있는 존재라는 의미예요. 인간만이 과거 자신의 모습과 거리를 두어 성찰할 수 있어요. 그렇기 때문에 자신의 새로운 본질을 만들어 내어 다른 사람이 될 수 있는 거예요.

생각해 보면 그렇죠. 연필이 연필이라는 본질에 갇히는 이유는 자신이 연필임을 거리 두어 반성할 수 없기 때문이잖아요. 개가 개라는 본질에 갇혀 죽을 때까지 개로 살 수밖에 없는 이유는 자신이 개처럼 살고 있다는 자기 성찰을 할 수 없기 때문이지요. 오직 인간이라는 '탈존'만이 자신의 삶을 스스로 성찰하고 반성할 수 있어요. 그래서 사람은 새로운 본질을 만들어 나가며 변해 갈 수 있는 거예요.

분명 인간은 자기 성찰이 가능한 대자적 존재예요. 그래서 과거의 자신과 결별하고 새로운 자신을 만날 수 있는 가능성을 가지게 되죠. 하지만 그럼에도 인간인 '나'는 왜 변하지 못했을까요? '나'의 게으름을 반성하지 않았기 때문일까요? '나'의 소심함을 성찰해 보지 않았기 때문일까요? 아니에요. 자신의 불만족스러운 점을 대자적으로 성찰하고 반성해 보지 않은 사람은 없어요. 그렇다면 왜 '나'는 변하지 못했을까요?

한 사람이 변한다는 것

사람은 어떻게 변하게 될까요? 사람은 '옳음'이 아니라 '좋음', '훌륭함'이 아니라 '즐거움'을 따라 변해요.

석준이는 공부를 하지 않는 아이예요. 그러던 어느 날, 석준이가 공부하는 삶이 '옳은' 삶이라는 사실을 알았다고 해 봐요. 이제 석준이는 열심히 공부하는 사람으로 변하게 될까요? 채혁이는 늘 책만 읽던 아이예요. 그러던 어느 날, 채혁이가 운동하는 삶이 '훌륭하다'는 사실을 알게 되었다고 해 봐요. 채혁이는 평소 읽던 책을 놓고 땀 흘리며 운동하는 사람으로 변하게 될까요?

두 사람 모두 변하기 어려울 거예요. 변하더라도 작심삼일로 끝날 가능성이 높아요. 석준이와 채혁이는 어떻게 변할 수 있을까요? 당연히 대자적 존재로서 자기 성찰을 할 때 가능할 거예요. 하지만 그 성찰이 '공부하는 삶이 옳은 삶이야!' 혹은 '운동하는 삶이 훌륭한 삶이야!'라는 자기 성찰은 아닐 거예요. 그런 '옳음'과 '훌륭함'에 대한 자기 성찰로는 다른 '나'가 되는, '탈존'은 어려울 거예요.

그렇다면 어떤 자기 성찰이 다른 '나'가 되는 '탈존'을 가능하게 할까요? '좋음'과 '즐거움'에 관한 자기 성찰일 거예요. 변하지 못하던 석준이와 채혁이가 어느 날 공부와 운동이 얼마나 좋고 즐거운 것인지를 깨닫게 된다면 어떨까요? '영어 공부가 이렇게 재미있는 거였구나!', '농구가 이렇게 즐거운 거였구나!' 하며 누가 시키지 않아도 끈기 있게 공부하고 운동하는 '나'로 변하게 되는 거죠. 사르트르의 말은 옳아요. 인간은 대자적 성찰이 가능한 '탈존'이기에 변할 수 있을 거예요. 하지만 그 대자적 성찰이 '옳음', '훌륭함'에 머문다면 사람은 좀처럼 변하기 어려울 거예요.

'탈존'을 가능케 할 성찰은 '좋음', '즐거움'에 관한 대자적 성찰 아닐까요? '나' 자신에게 거리를 두어 무엇인가 되돌아보아야 한다면, 그것은 '좋음'과 '즐거움'에 관한 것이어야 해요. 자신만의 '좋음', '즐거움'을 발견하게 될 때 '나'는 자연스럽게 변하게 되니까 말이에요. 변하지 못하고 있는 '나'를 만나게 될 때 해야 할 반성은 자신의 '인내 없음'이 아니에요. '내가 진심으로 좋아하고 즐거워하는 대상이 없다'는 것에 대한 반성이어야 해요. 우리는 모두 즐겁고, 좋아하는 어떤 일을 발견하게 될 때, 누가 시키지 않아도 자연스럽게 그것들을 추구하게 되니까 말이에요. 그렇게 우리는 이전의 본질을 벗어나 새로운 본질을 만들어 나가는 '탈존'이 될 수 있어요.

부

부자가
되고
싶나요?

카를 마르크스_
실질적 부(富)

우리는 자본주의(資本主義) 속에서 살아요. 그런데 자본주의가 뭘까요? '○○주의'라는 말에서 중요한 건 '○○'예요. '○○주의'라는 말은 '○○'가 주인(主)이 되는 것이 옳다(義)는 의미지요. 쉽게 말해, '○○주의'는 다른 무엇보다 '○○'가 중요하다는 의미예요. '자연주의'는 다른 무엇보다 '자연'이 제일 중요하고, '사실주의'는 다른 무엇보다 사실이 제일 중요하다는 의미예요. 이제 자본주의가 무엇을 의미하는지도 어렵지 않게 알 수 있겠지요? 다른 무엇보다 자본, 즉 돈이 가장 중요하다는 뜻이지요.

자본주의에서는 돈이 없다면 할 수 있는 게 거의 없고, 돈이 있다면 할 수 없는 것이 거의 없죠. 당연해요. 자본주의에서는 돈이 가장 중요하니까요. 낯선 이야기는 아닐 거예요. 버스를 타는 것도, 밥을 먹는 것도, 책을 사는 것도, 선물을 하는 것도 모두 돈이 없다면 할 수 없는 일이잖아요. 자본주의 사회에서 생활하는 우리에게 돈의 중요성은 두말할 필요가 없어요. 그런데 우리는 이 중요한 것을 제대로 고민해 본 적이 있을까요?

어느 순간 삶이 불행에 빠질 때가 있죠. 왜 이런 일이 일어나는 걸까요? 삶에서 중요한 것을 제대로 고민해 보지 않았기 때문이에요. 공부가 중요하다는 것은 알지만, 공부가 무엇인지 깊이 고민해 보지 않았던 이들은 언젠가 불행에 빠지게 되죠. 친구가 중요하다는 것은 알지만, 친구가 무엇인지 깊이 고민해 보지 않았던 이들 역시 불행에 빠지게 돼요.

돈도 마찬가지예요. 돈이 중요하다는 것을 모르는 사람은 없잖아요. 하지만 돈이 무엇인지에 대해 진지하게 고민해 본 이들은 의외로 많지 않아요. 이것이 우리 주변에 돈 때문에 불행을 겪고 있는 사람들이 많은 이유일 거예요. 돈으로 인해 불행에 빠지고 싶지 않다면 더 늦기 전에 질문할 수 있어야 해요.

"돈은 무엇일까요?"

카를 마르크스의 두 가지 '부'

돈은 '부(富)'예요. 그래서 돈이 많은 사람을 부자(富者)라고 말하는 거고요. '부'에 대해서 누구보다 깊게 사유했던 철학자가 있어요.

카를 마르크스예요. 마르크스는《자본론》의 초고로 알려진《정치경제학 비판 요강》에서 '부'에 대한 흥미로운 관점을 이야기하고 있어요. 그는 '부'라는 것을 단순히 돈이라고 여기지 않고, '경제적인 부'와 '실질적인 부'로 구분해서 생각해야 한다고 말했어요.

먼저 '경제적인 부'가 무엇인지 알아볼까요?
'경제적인 부'는 자신이 처분할 수 있는 경제적인 자원의 양을 말해요. 쉽게 말해 집, 자동차, 컴퓨터, 냉장고, 스마트폰, 옷 등 지금 당장 팔아서 돈으로 만들 수 있는 자원의 양이 바로 '경제적인 부'예요. 돈이나 혹은 돈으로 만들 수 있는 것들이 바로 '경제적인 부'인 셈이죠. 우리가 흔히 돈 많은 부자라고 말할 때는 이것을 의미하는 거예요.

실질적인 부는 가처분 시간이다

마르크스는 '경제적인 부' 외에 또 다른 '부'가 있다고 말했어요. 바로 '실질적인 부'죠. 이것은 무엇일까요? 먼저 마르크스의 이야기를 직접 들어 보는 게 좋겠어요.

＊

12시간의 노동이 아니라 6시간의 노동이 행해질 때, 한 민족은 진

실로 부유하다. (중략) 실질적 부는 각 개인과 전체 사회를 위해서 직접적 생산에서 사용되는 시간 이외의 가처분 시간이다.

_카를 마르크스, 《정치경제학 비판 요강II》

   마르크스는 '가처분 시간'이 바로 '실질적인 부'라고 말해요. 그렇다면 '가처분 시간'은 무엇일까요? 이는 생계를 위해 일하는 시간 이외에 내 마음대로 사용 가능한 시간이에요. 쉽게 말해 자유 시간이 가처분 시간인 셈이지요. 마르크스의 이야기가 좀 황당한가요? 돈이 많은 사람보다 시간이 많은 사람이 진짜(실질적인) 부자라고 말하는 거잖아요.

   마르크스에 따르면, 10억 원을 가진 사람보다 10만 원을 가진 사람이 더 부유할 수 있어요. 예를 들어 볼까요? A와 B 두 사람이 있어요. A는 10억 원이 있지만 하루의 자유 시간(가처분 시간)이 1시간이에요. B는 10만 원이 있지만 하루의 자유 시간(가처분 시간)이 10시간이에요. 둘 중에 누가 더 부자일까요? A는 B보다 분명 '경제적인 부'는 더 많이 가지고 있죠. 즉, '경제적인 부'의 관점에서는 A가 부자죠.

   하지만 '실질적인 부'의 관점에서 바라보면 B가 부자예요. A는 1시간의 자유 시간밖에 없지만 B는 10시간의 자유 시간이 있으니까요. 마르크스의 말대로라면 '경제적인 부자'는 A지만, '진짜(실질적인) 부자'는 B인 셈이에요. 이것은 황당한 말장난이 아니에요.

분명한 삶의 진실이에요. 어째서일까요? 그것은 우리가 왜 돈을 벌려고 하는지를 곰곰이 생각해 보면 어렵지 않게 알 수 있어요.

진짜 부자는 누구일까

찬우와 태현이가 있어요. 둘은 최신 스마트폰을 갖고 싶어서 아르바이트를 하는 중이죠. 한 달 일해서 두 사람 모두 스마트폰을 살 돈(경제적인 부)을 모았고 스마트폰을 샀어요. 그 후에 찬우는 아르바이트를 그만두었고 태현이는 계속 아르바이트를 했어요. 당연히 스마트폰을 하나 더 살 수 있을 정도의 돈을 모았어요.

이제 질문을 하나 할게요. 찬우와 태현이 중 누가 더 부자일까요? '경제적인 부'는 당연히 태현이죠. 돈(경제적인 부)이 더 많으니까요. 하지만 '실질적인 부자'라고 말할 수는 없어요. 왜냐하면 아르바이트를 하느라 정작 스마트폰을 마음대로 즐길 '가처분 시간(자유 시간)'이 없기 때문이에요.

✳

부의 척도는 어쨌든 이제 노동 시간이 아니라, 오히려 가처분 시간이다.

_카를 마르크스, 《정치경제학 비판 요강》

126

마르크스에 따르면, 찬우야말로 부자예요. '실질적인(진짜) 부자'인 거죠. 그는 한 달 아르바이트를 하고 그만두었기 때문에 돈(경제적인 부)은 많이 없어요. 하지만 그 대신 스마트폰을 사용할 수 있는 충분한 '자유 시간(가처분 시간)'을 갖고 있어요. 그렇다면 왜 자유 시간이 많은 사람이 진짜 부자인 걸까요? 곰곰이 생각해 봐요. 우리는 왜 돈을 벌려고 할까요? 이런저런 물건을 사고 싶어서? 아니에요. 그건 겉으로 드러난 이유일 뿐이에요.

흔히 사람들은 집, 차, 컴퓨터, 스마트폰, 음식, 음악, 영화 등 유형이나 무형의 상품이 필요하기 때문에 돈을 번다고 생각하죠. 하지만 이는 잘못된 생각이에요. 우리가 원하는 것은 상품 그 자체가 아니에요. 시간을 원하는 거예요. 집과 차에서의 안락한 시간, 컴퓨터와 스마트폰을 사용할 시간, 음식과 음악, 영화를 즐길 수 있는 시간 말이에요. 우리가 돈을 버는 이유는 궁극적으로 '상품'이 아니라 '시간'인 거죠.

돈은 시간을 위한 수단

사람들이 돈(경제적인 부)을 원하는 이유는 상품을 갖고 싶어서가 아니에요. 자유 시간(실질적인 부)을 갖고 싶어서예요. 매일 일만 하느라, 많은 돈을 벌었지만 정작 자신만의 시간(실질적인 부)이 없는 사람들이 있어요. 놀랍게도 이들은 '경제적인 부'가 거의 없는 가난한 사람들만큼의 허탈감을 느끼며 살아갈 수밖에 없어요. 마르크스의 논리를 따르면 너무도 당연한 이야기예요. 그들 역시 가난하니까요.

돈은 중요해요. 그걸 부정할 수는 없어요. 하지만 그보다 중요한 것이 시간이에요. 내 삶을 자유롭게 꾸려 갈 수 있는 자유 시간. 그것이 없다면 돈이 아무리 많다고 할지라도 실질적으로 가난한 사람일 뿐이에요. 물론 돈이 없다면 돈을 벌어야죠. 하지만 이런 생각이 우리를 불행으로 몰아넣을 때가 있지요. 그건 우리가 돈을 왜 버는지 모른 채로 돈을 벌려고 할 때예요. 돈이 없으면 돈을 벌어야 하는 것은 어쩔 수 없는 일일 거예요. 자본주의라는 체제에 사는 동안 피할 수 없는 숙명 같은 것이죠. 하지만 그 숙명보다 중요한 것이 있어요. 돈이 결코 우리의 자유 시간보다 중요할 수 없다는 깨달음이에요.

이제 우리는 질문에 답할 수 있어요. 돈은 무엇인가요? 돈은 시간을 얻기 위한 수단이에요. 내 삶을 나의 마음대로 할 수 있는 시간을 얻기 위한 수단. 이 통찰에 이르면 우리는 돈을 어떻게 벌어야 하는지도 알 수 있어요. 자유로운 시간을 위해서 돈을 벌 것! 그리고 정신적으로 창조하고 향유할 수 있는 시간이 없는 곳에서는 돈을 벌지 말 것! 돈에 대해 고민될 때 마르크스의 생각을 가슴에 품고 있으면 좋겠어요.

✳

사람들에게는 무엇보다도 정신적으로 창조하고 정신적으로 향유
할 수 있는 시간이 있어야 한다.

_카를 마르크스, 《경제학-철학 수고》

섹스

왜 섹스
생각이
계속 날까요?

자크 라캉_
욕망 I

"야동에 중독된 거 같아요."

"자위를 너무 많이 해요."

섹스, 머릿속에서 자꾸만 맴도는 단어일 거예요. 우리는 살아가면서 많은 것들을 욕망하죠. 그중 단연 강렬한 욕망은 섹스와 관련됐을 거예요. 야동을 자꾸만 보게 되는 것, 자위를 계속 하게 되는 것은 모두 이에 대한 욕망이 얼마나 크고 강렬한지를 말해 주죠. 하지만 이 강렬한 욕망은 때로 우리를 고민에 빠트리기도 해요. 이런 욕망이 생길 때 가장 흔한 질문이 있죠.

'섹스 생각을 이렇게 계속해도 될까요?'

섹스에 대한 욕망이 커지면 커질수록 야동이나 자위, 혹은 섹스를 욕망하게 마련이에요. 이런 욕망이 커지면 동시에 두려움도 커지죠. 자신이 정서적으로 문제가 있는 것은 아닌지 두려워지곤 하잖아요. 그래서 사람들은 자꾸만 이런 질문을 하는 거예요.

"섹스에 대한 욕망이 좋은 것일까? 나쁜 것일까?"

그런데 이것은 좋은 질문이 아니에요. 섹스에 관한 욕망을 윤리나 도덕으로 재단하려 할 때 아무것도 얻을 수 없기 때문이에요. 정작 중요한 질문은 따로 있어요.

"섹스에 대한 욕망은 어떻게 발생하는 것일까?"

"다른 욕망에 비해 섹스에 대한 욕망은 왜 그리 강렬한 것일까?"

이 두 가지 근본적인 질문을 통해 섹스에 대한 욕망을 건강하게 다룰 수 있게 됩니다.

욕구, 요구, 그리고 욕망

이 질문의 답은 자크 라캉(Jacques Lacan)에게 들어 볼까요? 그는 인간의 무의식과 욕망에 대해 깊이 고민한 프랑스의 철학자이자 정신분석학자예요. 그에게 먼저 첫 번째 질문을 해 볼까요?

"섹스에 대한 욕망은 어떻게 발생하는 것일까?"

보통은 생물학적 본능 때문이라고 답할 거예요. 즉, 성욕(생물학적 본능) 때문에 섹스에 관한 욕망이 발생한다고 답하겠죠. 하지만 라캉의 생각은 달라요. 그렇다면 라캉의 '욕망'은 어떻게 다를까요?

✳

욕망은 (중략) 요구에서 욕구를 뺀 차이로부터 발생하는 것이며 동시에 양자분열적 현상 그 자체이다."

_자크 라캉, 《욕망 이론》

　라캉에 따르면, '욕망'이란 '요구'와 '욕구'의 차이로부터 발생해요. 이것이 무슨 말일까요? 라캉은 '욕구(need)'와 '요구(demand)'와 '욕망(desire)'을 구별해요. 먼저 '욕구'는 인간이 신체를 갖고 있기 때문에 발생하는 일차적 충동이에요. 대표적으로 식욕, 성욕이지요. 이 '욕구'는 만족을 추구하며 만족시켜 줄 대상을 찾고자 하는 충동이죠. 그렇다면 '요구'는 무엇일까요? '욕구'를 표현하는 수단이라고 말할 수 있어요. 인간은 일차적 충동인 '욕구'를 다른 사람에게 만족시켜 달라고 '요구'할 수 있죠. 즉, '요구'는 '욕구'의 표현이에요. 쉽게 말해, '식욕(먹고 싶음)'은 '욕구'이고, "밥 차려 줘!"는 '요구'인 셈이죠.

욕망은 결핍이다

　여기서 '욕구'와 '요구'의 차이를 고민해 보는 것이 중요해요. '욕구'와 '요구' 중 어느 것이 더 클까요? 반드시 '욕구'가 클 수밖에 없어요. 우리는 어떤 경우에도 '욕구'만큼 '요구'할 수 없어요. 왜 그럴까요? 사회·문화적으로 수많은 '요구'가 금지되어 있기 때문이에요. 인간은 언제나 사회·문화적으로 받아들여질 수 있는 만큼만 '욕구'를 '요구'할 수 있어요. 당연한 말이잖아요. 수면욕(욕구)이 생겼다고 해서 아무 데서 자고 싶다고 '요구'할 수 없잖아요. 또 식욕(욕구)이 생겼다고 해서 아무나 붙잡고 음식을 달라고 '요구'할 수 없고요.

'욕구'와 '요구' 사이에는 결코 메울 수 없는 틈이 있어요. 바로 이 틈에서 '욕망'이 출현하게 되죠. '아이스크림이 먹고 싶다'는 '욕구'가 생겼다고 가정해 봐요. 그때 사회·문화적 조건(다이어트 중) 때문에 아이스크림을 '요구'할 수 없게 된 거예요. 그래서 할 수 없이 "밥이라도 먹어야겠어."라고 '요구'했죠. 다행히 배는 채웠지만 '욕구'는 근본적으로 충족되지 않았어요. 그래서 이때 아이스크림을 먹는 상상을 하게 되죠. 바로 이 상상이 '욕망'이에요. 이렇게 '욕망(아이스크림 상상)'은 '욕구(아이스크림 먹고 싶다)'와 '요구(밥이라도 먹어야겠어)' 사이의 차이 때문에 발생해요.

✳
욕망은 순수한 결핍이 갖는 힘인 것이다.
_자크 라캉, 《욕망 이론》

라캉은 '욕망은 결핍'이라고 말하죠. 우리는 이제 이 말을 이해할 수 있어요. '요구'와 '욕구' 중 '욕구'가 더 크잖아요. 예를 들어, '요구(밥이라도 먹어야겠어)'=8이라면 '욕구(아이스크림 먹고 싶다)'=10이라고 할 수 있겠죠. 라캉에 따르면, '요구(8)'에서 '욕구(10)'를 뺀 것에서 '욕망'이 발행하죠. 그런데 '요구(8)'에서 '욕구(10)'를 빼면 항상 마이너스(-2)일 수밖에 없어요. 즉, '요구-욕구'는 항상 무엇인가 결핍(-2)될 수밖에 없는 거죠. 바로 그 결핍이 욕망이에요. 애초에 먹고 싶었지만 먹지 못했던 아이스크림(결핍)이 만들어 낸 상상, 그것이 라캉이 말한 욕망이지요.

가장 강렬한 금기, 성

성적인 욕망 역시 마찬가지예요. 이성에 대한 욕망을 갖는 것은 '욕구(성욕)' 때문이 아니에요. '섹스하고 싶다'는 '욕구'가 있다고 해도 아무 장소에서 아무에게나 '요구'할 수는 없잖아요. 그것은 사회·문화적으로 금지된 행동이니까요. '요구-욕구' 사이에 발생하는 결핍 때문에 섹스에 대한 '욕망'이 발생하는 거죠. 쉽게 말해, 금기('욕구'만큼 '요구'하지 못함)가 만들어 낸 결핍이 '욕망'을 만들게 되는 거죠.

하지만 의아한 부분이 있어요. 우리에게 금지된 것이 섹스뿐일까요? 게임, 초콜릿, 술, 담배 등 우리에게 금지된 것은 수없이 많잖아요. 하지만 그중에 섹스에 대한 욕망이 유독 강렬한 이유는 무엇일까요? 이제 우리는 두 번째 질문을 할 수 있어요.

'다른 욕망에 비해 섹스에 대한 욕망은 왜 이렇게 강렬할까?'

이유는 간명해요. 섹스는 다른 대상(게임·초콜릿·술·담배)보다 더 많이 금지되었기 때문이에요. 달리 말해, 더 큰 결핍을 갖고 있기 때문이에요. 이해가 어렵다면 다음 중 가장 말하기 어려운 것은 무엇인지 생각해 봐요.

"게임 하고 싶어." / "초콜릿 먹고 싶어." / "술 마시고 싶어." / "담배 피우고 싶어." / "섹스 하고 싶어."

단연 제일 마지막 문장이죠. 게임, 초콜릿, 술, 담배 역시 (상황에 따라) '요구'하기 쉽지 않을 수 있어요. 하지만 그 어떤 것도 섹스만큼은 아니잖아요. '욕망'이 '요구'에서 '욕구'를 뺀 것이라면, 섹스에 관한 욕망이 단연 가장 크고 강렬할 수밖에 없어요. 인간의 생물학적 욕구들(식욕·성욕·수면욕) 자체의 크기는 그다지 차이가 나지 않을지도 몰라요. 이런 욕구들은 인간이라는 종(種)이 살아가는 데 모두 비슷한 크기로 중요하니까 말이에요.

욕구들(식욕·성욕·수면욕)의 크기를 모두 10으로 같다고 가정해 봐요. 하지만 그 욕구들(식욕·성욕·수면욕)을 '요구'할 수 있는 크기는 저마다 다를 거예요. 식욕·수면욕의 요구(먹고 싶어. 자고 싶어)는 비교적 크게 할 수 있어요. 하지만 성욕의 요구(섹스 하고 싶어)는 다른 욕구의 요구에 비해 턱없이 작은 크기로 할 수밖에 없어요. 우리 사회(부모님, 선생님 등)는 성욕을 요구하는 것을 쉽사리 용납하지 않으니까 말이에요.

이를 수치로 말해 보자면 식욕·수면욕의 '요구'를 8이라고 한다면, 성욕의 '요구'는 2 정도일 거예요. 그만큼이나 성욕에 대한 요구는 다른 요구들에 비해 크게 금지되어 있어요. 이는 달리 말해 먹고 자는 것에 관련된 결핍(욕망)이 '-2' 정도라면, 섹스에 관련된 결핍(욕망)은 '-8' 정도가 된다는 의미예요. 섹스는 다른 대상들에 비해 많이 억압되었기에 더 많이 욕망하게 된 것이죠. 라캉은 욕망과 성에 대해 이렇게 말해요.

＊
정신분석학적 측면에서 볼 때 주체의 성생활에서 나타나는 모든 왜곡된 양상들 속에는 바로 이 욕망이 숨어 있는 것이다.
_자크 라캉, 《욕망 이론》

라캉에 따르면, 욕망이라는 것은 성생활의 양상들(야동, 자위, 섹스 등) 속에 숨어 있어요. 그 이유를 이제 우리는 알 수 있죠. 성생활에 관련된 것만큼 결핍이 큰 대상이 없기 때문이에요. '욕구'를 '요구' 하지 못해서 발생하는 결핍(욕망), 이것이 우리의 머릿속에서 섹스에 대한 생각이 떠나지 않는 이유예요.

섹스에 대한 욕망을 다루는 법

그렇다면 이런 욕망을 어떻게 건강하게 다룰 수 있을까요? 누구나 갖고 있는 자연스러운 욕망이지만 과도해질 때 문제가 되죠. 그때 욕망은 뒤틀어지고 왜곡되거든요. 그렇다면 언제 성적 '욕망'이 과도해지는 걸까요? 바로 '욕구'와 '요구' 사이의 차이(결핍)가 커질 때예요. 이는 달리 말해 그 결핍을 줄이면 과도한 성적 욕망을 잘 다룰 수 있다는 의미이기도 해요.

어떻게 그 결핍(욕망)을 줄일 수 있을까요? 그 답은 '요구'에 있어요. '욕망'은 '요구'와 '욕구' 사이의 문제잖아요. 그런데 인간이 몸을 가지고 있는 한, '욕구'는 사라지지 않을 거예요. 그러니 우리는 '요구'를 늘림으로써 과도한 결핍(욕망)을 다룰 수밖에 없어요. 하지만 문제는 여전히 남아 있어요. 우리 사회는 섹스에 대한 '요구'를 함부로 할 수 없게 금지하고 규제하고 있어요. 성욕에 대한 무분별한 요구는 자칫 폭력이나 범죄가 될 소지가 있기 때문이에요. 그래서 우리는 아무에게나, 아무 데서나 섹스를 '요구'할 수는 없어요. 그러니 섹스에 관한 욕망을 잘 다루는 방법은 성적 욕구를 어떻게 '요구'할 것인지에 달려 있다고 말할 수 있어요.

섹스 자체를 함부로 '요구'할 수는 없어요. 하지만 섹스에 관련된 내밀한 이야기를 '요구'할 수는 있어요. 달리 말해, 친구나 부모님, 선생님에게 '섹스에 관련된 이야기'를 하자고 '요구'할 수는 있어요. 그런 '요구'들이 자연스러워질 때, 결핍이 점점 줄어들게 되어요. 실제로 유럽 일부 국가처럼 성에 대한 이야기를 자연스럽게 하는 문화에서 자란 아이는 그렇지 못한 문화에서 자란 아이들보다 성적 욕망을 비교적 자연스럽게 잘 다루는 경향이 있어요.

친구들, 부모님, 선생님과 섹스에 관련된 이야기를 자연스럽게 하는 것이 중요해요. 이런 이야기를 하지 못하는 보수적인 문화일수록 성적 욕망은 과도하게 비대해져서 뒤틀어지고 왜곡될 수밖에 없어요. 어떤 '욕구'든지 '요구'를 금지하면 할수록 '욕망'만 커질 뿐이니까요. 성적인 이야기를 자연스럽게 하면서 성욕이 자신이 갖고 있는 여타 다른 욕구와 크게 다르지 않다는 사실을 깨닫게 되죠. 이것이 성적 욕망을 건강하게 다루는 가장 지혜로운 방법일 거예요.

소통

진정한 대화는
어떻게
가능할까요?

루트비히 비트겐슈타인_
언어 게임

"야, 이번 수학 시험 존나 어렵지 않냐?"

"왜 욕을 하고 그래?"

"뭔 소리야? 수학 시험 이야기 하는데."

두 친구는 대화를 하고 있는 것일까요? 서로 말을 하기는 하는데 뭔가 제대로 된 대화를 하고 있는 것 같지는 않죠. 이 대화를 통해서 익숙하지만 놀라운 사실을 하나 알 수 있어요. 같은 언어(한국어, 영어)를 쓴다고 해서 모두 대화가 가능한 것은 아니라는 거죠. 이는 친구와의 대화에서보다 어른과의 대화에서 더욱 분명하게 드러날 거예요.

"요즘 제일 친한 친구랑 다퉈서 힘들어요."

"그래? 그럼 이제 열심히 공부하면 되겠네."

이게 대화인가요? 서로 다른 이야기만 하고 있는 거잖아요. 우리가 부모 혹은 어른과 대화 자체를 하지 않게 된 데에는 다 이유가 있죠. 같은 언어를 쓰고 있는데 도대체 대화가 안 되기 때문이에요. 소통이 안 되면 더 이상 대화를 이어 가고 싶지 않죠. 이런 '대화 안 됨(소통의 부재)'의 문제는 일상에서 항상 일어나고 있어요. 이 문제를 해결하기 위해 물어야 해요.

"진정한 대화는 어떻게 가능할까요?"

언어 게임

이 질문에 대한 답은 비트겐슈타인(Ludwig Wittgenstein)에게 들어 볼까요? 가장 탁월한 언어 철학자로 평가받는 비트겐슈타인은 청년 시절 《논리-철학 논고》를 통해 언어의 의미는 '지시(reference)'에 있다고 주장했어요. 하지만 장년이 된 비트겐슈타인은 《철학적 탐구》를 통해 언어의 의미는 '사용(use)'에 있다고 주장하며 자신의 언어학적 사유를 확장해 나가게 되지요.

"진정한 대화가 어떻게 가능할까요?"

이 질문에 장년의 비트겐슈타인은 이렇게 답해 줄 거예요.

"진정한 대화는 '언어 게임(Sprachspiel)'을 통해 가능하다."

비트겐슈타인이 말하는 '언어 게임'은 무엇일까요?

✱

어린아이들이 모국어를 배우는 놀이들 (중략) 나는 이러한 놀이들
을 '언어 게임'이라고 부르고자 한다. (중략) 언어와 그 언어가 뒤얽
혀 있는 활동들 전체도 '언어 게임'이라 부를 것이다.

_루트비히 비트겐슈타인, 《논리 – 철학 논고》

비트겐슈타인은 언어 게임을 어린아이들이 모국어를 배우는 놀
이(게임)라고 말해요. 어려운 이야기가 아니에요. 민구네 집과 수
향이네 집, 이렇게 두 가정이 있다고 해 봐요. 민구네 집에서는 책
을 쓸모없는 것으로 여겨요. 그래서 책을 '종이쪼가리'라고 부르
지요. 반면 수향이네 집은 책을 소중하게 생각하고 '보물'이라고
불러요.

이 두 가정의 아이에게 물건을 가져오게 하는 '언어 놀이'를 한
다고 해 봐요. 부모가 아이에게 책을 가져오게 하려면 어떻게 말
해야 할까요?

민구네 집에서는 "종이쪼가리 가져와."라고 해야 하고 수향이
네 집에서는 "보물 가져와."라고 말해야 해요. 만약 반대로, 민구
에게 "보물 가져와."라고 말하면 민구는 엄마의 보석함을 뒤질지
도 몰라요. 마찬가지로, 수향이에게 "종이쪼가리 가져와."라고 말
하면 수향이는 공책을 찢고 있을지도 모르고요. 민구네 가정에서
수향이는 언어 놀이를 할 수 없고, 그 반대도 마찬가지예요. 이것

이 '언어 게임'이에요.

삶에 따라 언어가 다르다

언어는 일종의 게임이에요. 규칙을 공유해야만 할 수 있는 게임
이죠. 그런데 규칙은 같은 언어를 사용한다고 해서 다 같은 게 아
니에요. 같은 모국어를 쓰더라도 '그 언어(종이쪼가리, 보물)와 그 언
어가 뒤얽혀 있는 (책을 천시하거나 혹은 책을 중요하게 여기는) 활동 전체'
에 따라 언어 규칙이 달라질 수밖에 없어요. 즉, 언어는 그 언어가
사용되는 삶에 따라 그 의미가 달라지는 것이죠. 이것이 비트겐슈
타인의 '언어 게임'이 의미하고 있는 거예요.

✳

'언어 게임'이라는 낱말은 여기서 언어를 말하는 것이 어떤 활동
의 일부 또는 삶의 형태의 일부임을 부각시키고자 의도된 것이다.
_루트비히 비트겐슈타인,《논리 – 철학 논고》

비트겐슈타인에 따르면, 언어는 하나의 고정된 의미를 갖지 않
아요. 언어는 다양한 '삶의 형태의 일부'이기 때문에 하나의 단어
라도 다양한 의미를 가질 수 있어요.

'씨발'이라는 단어를 예로 들어 볼까요? 이것은 그저 단순한 욕

설일까요? 달리 말해, 욕설이라는 고정된 의미뿐인 걸까요? 아니에요. 어떤 활동의 일부 또는 삶의 형태의 일부로서 다양한 의미를 가질 수 있어요.

이유 없이 갑자기 누군가에게 맞았을 때 '씨발'이라고 내뱉을 수 있죠. 이는 "왜 때려!"라는 의미잖아요. 친한 친구의 죽음을 알게 되었을 때 나직한 목소리로 '씨발'이라고 할 수 있어요. 이는 "슬프다."라는 의미잖아요. 약자를 도와주지 못하고 무기력하게 돌아서며 했던 '씨발'은 어떤 의미일까요? "난 한심한 놈이야!"란 의미잖아요. 또 정말 재미있는 게임을 찾았을 때 '씨발'이라고 말할 수 있죠. 이는 "진짜 재미있는데!"라는 의미잖아요.

이처럼 비트겐슈타인의 '언어 게임'에서 '언어'는 특정한 언어만이 아니라 다양한 삶의 맥락에서 상이한 방식으로 사용되는 언어까지를 포함하는 개념이에요. 이제 왜 말은 하지만 대화가 안 되는지 그 이유를 알 수 있겠죠?

"수학 시험 씨발 존나 어렵지 않냐?"라는 말은 '시험이 매우 어려웠다'는 의미예요. 그 아이는 '매우, 많이'라는 단어 대신 '씨발, 존나'라는 단어를 더 자주 쓰는 삶의 형태를 갖고 있었을 뿐이지요.

소통 불가능 = 다툼과 무시

왜 욕을 하냐고 되물었던 아이도 이제 이해할 수 있어요. 그 아이는 '씨발', '존나'라는 단어가 상대를 모욕하는 욕설의 의미로 더 자주 사용된 삶 속에 있었기 때문이에요. 그래서 상대가 진정으로 말하려는 바를 놓쳤을 거예요. 두 아이는 같은 언어(한국어)를 사용하고 있지만 서로 다른 규칙의 언어 게임을 하고 있었던 셈이죠.

이것이 소통이 안 되는 근본적인 이유예요. 이처럼 서로 다른 언어 게임의 규칙을 사용하는 두 사람이 계속 대화를 하면 어떤 일이 벌어질까요?

✳

서로 화해될 수 없는 두 원리가 실제로 마주치는 곳에서, 각자는 타자를 바보니 이단이니 하고 선언한다.

_루트비히 비트겐슈타인 《확실성에 관하여》

서로 다른 두 원리(서로 다른 언어 게임의 규칙)가 마주치게(대화하게) 되면 그 끝은 다툼과 무시일 거예요. 서로 상대를 바보라고 말할 수밖에 없기 때문이죠. 앞의 두 친구의 대화 역시 그렇게 전개될 거예요. 한 친구는 상대를 뜬금없이 욕을 하는 바보라고, 또 한 친구는 상대가 말귀를 못 알아듣는 바보라고 생각할 테니까 말이에요. 그렇게 둘은 다투거나 다투다가 지치면 서로를 무시하게 될 거예요. 이처럼 진정한 소통이 불가능해진 자리에 남는 것은 언제나 다툼과 무시예요.

진정한 대화는 '언어'의 문제가 아니라 '삶'의 문제

어떻게 하면 진정한 대화가 가능할까요? 언어는 게임(놀이)이라는 사실을 다시 떠올려야 해요. 게임을 하려면 가장 먼저 게임의 규칙을 파악해야 하죠. 게임을 하지 못하는 이유는 규칙을 모르기 때문이에요.

언어 게임도 마찬가지예요. 상대와 진정한 대화를 하고 싶다면 상대방의 언어 규칙을 파악하는 것부터 시작해야 해요. 그럼 어떻게 상대방의 언어 규칙을 알 수 있을까요?

여기서 다시 비트겐슈타인의 사유가 필요해요. 그가 말한 '언어'가 무엇이었나요? 한국어, 영어, 불어 같은 언어가 아니었잖아요. 학교의 언어, 시장의 언어, 법원의 언어, 어느 가정의 언어예요. 즉, 비트겐슈타인의 언어는 어느 한 개인의 삶의 맥락이 만들어 내는 언어예요. 그 언어를 익혀야 해요. 누군가와 진정한 대화를 하고 싶다면 먼저 섬세하게 상대의 삶의 맥락을 읽어 내어 그의 언어 규칙 속으로 들어가야만 해요.

소통을 가능케 할 진정한 대화가 드물고 어려운 이유도 이제 알 수 있어요. 우리는 자신의 언어 규칙에 집착할 뿐, 상대의 언어 규칙에 관심이 없기 때문이에요. 내 삶의 맥락을 당연한 것으로 여기고 상대방의 삶의 맥락에 관심이 없잖아요. 욕을 사용할 수밖에 없었던 친구의 삶의 맥락을 읽으려고 하지 않을 때, 그 친구와 진정한 대화는 불가능할 거예요.

마찬가지로 상대의 말을 단순한 욕설로만 이해할 수밖에 없었던 친구의 삶의 맥락을 읽으려고 하지 않으면 진정한 대화는 불가능하겠죠.

＊

우리는 마찰이 없기 때문에 어떤 의미에서는 이상적인 조건인 미끄러운 얼음에 올라섰지만 동시에 바로 그 이유로 인해 걸을 수 없게 된 것이다. 우리는 걷고 싶다. 따라서 마찰이 필요하다. 거친 땅으로 돌아가라!

_루트비히 비트겐슈타인, 《철학적 탐구》

이제 비트겐슈타인의 말을 이해할 수 있을 거예요. 각자의 이상적인 언어 규칙(얼음)이 있어서 당연하게 말을 하며 살죠. 하지만 그 규칙(얼음) 때문에 다른 사람과 진정한 대화를 할 수 없게(걸을 수 없게) 되어요. 그래서 다른 언어 규칙을 가진 친구들이 있는 거친 땅으로 돌아가야 하죠. 나와 다른 삶은 언제나 불편하고 불쾌한 거친 땅이에요. 하지만 그 거친 땅에서만 진정한 대화는 가능해요. 거친 땅의 마찰이 우리를 걷게 해 주니까 말이에요.

자신의 언어 규칙에 대한 집착을 버리고 타인의 언어 규칙을 이해하려는 마음을 통해, 다툼과 포기 너머의 진정한 대화가 가능할 거예요.

욕망

내가
원하는 것은
정말 내가
원하는 걸까요?

자크 라캉_
욕망 II

　우리는 최신 스마트폰, 날씬한 몸매, 명문 대학, 많은 돈을 원해요. 이것은 우리의 욕망이죠. 그런데 의심해 본 적이 있나요? 이것들이 정말 우리의 욕망인 걸까요? 거꾸로 질문해 볼까요? 사람들은 왜 구형 스마트폰, 뚱뚱한 몸매, 지방 대학, 적은 돈은 원하지 않는 것일까요? 이것은 황당한 질문이 아니에요.

　세상에 같은 사람은 없잖아요. 사람마다 생각도, 취향도, 감정도 다 다르죠. 그러니 욕망 역시 사람마다 다 다른 것이 자연스러워요. 하지만 구형 스마트폰, 뚱뚱한 몸매, 지방 대학, 적은 돈을 욕망한다는 사람을 만나기는 힘들죠. 세상의 다양한 사람들이 거의 같은 욕망을 갖고 있는 셈이니 놀라운 일 아닌가요?

　이런 일은 왜 벌어지는 걸까요? 사람마다 생각, 취향, 감정이 다르더라도 욕망만은 다 비슷한 것일까요? 이는 합리적 추론이 아니에요. 욕망은 '원함'이잖아요. 생각, 취향, 감정이 다 다른데, 같은 것을 원한다는 것은 있을 수 없어요. 세상의 다양한 사람들이 하나의 음식과 하나의 음악만을 원한다는 것은 있을 수 없잖아요. 다양한 사람들이 갖고 있는 유사한 욕망! 이 놀라운 현상을 설명하기 위해서는 처음부터 다시 물어야 해요.

"나의 욕망은 정말 내 것일까요?"

자크 라캉의 '욕망'

이 질문에 답해 줄 사람은 자크 라캉이에요. 그는 인간의 욕망이란 것이 무엇인지 누구보다 깊이 고민한 철학자예요. "나의 욕망은 정말 내 것일까요?" 이 질문에 라캉은 이렇게 답해 줄 거예요. "자네가 가진 욕망, 그건 타자의 욕망이네."

✴

인간의 욕망은 타자의 욕망이다.

_자크 라캉, 《자크 라캉 세미나 11》

라캉은 지금 당황스러운 이야기를 하고 있어요. 그는 '나'의 욕망이 '나'의 것이 아니고 심지어 다른 사람의 욕망이라고 말해요.

은선이는 명문 대학에 진학하기를 간절히 바라며 열심히 공부하는 친구예요. "저는 서울대학교에 꼭 가고 싶어요." 은선이가 주위 사람들에게 자주 하는 말이에요. 이때 라캉은 은선이에게 이렇게 말해 줄 거예요. "그것은 너의 욕망이 아니다. 그것은 단지 다른 사람의 욕망을 욕망한 것일 뿐이다."

'나의 욕망이 곧 타자의 욕망'이라는 것은 달리 말해 "인간은 타자의 욕망을 욕망한다."는 의미예요. 예를 들어 설명해 볼게요. 문주는 백화점에서 본 청바지가 아른거렸어요. 그때 문주에게 "그 청바지를 왜 사고 싶으냐?"라고 물었어요. "제 스타일이에요." 문주가 답했어요. 이것은 사실일까요? 라캉은 문주에게 이렇게 말할 거예요. "아니, 네가 그 청바지를 사고 싶은 이유는 세상 사람들이 그 청바지를 원한다고(욕망) 생각하기 때문이야."

문주는 왜 그 청바지가 갖고 싶었을까요? '나'의 스타일(욕망)이기 때문에? 아니에요. 세상 사람(타자)들에게 관심(사랑)받을 수 있는 스타일(욕망)이라고 생각했기 때문이에요. 이처럼 '나의 욕망'이라고 믿었던 것이 사실은 '타자의 욕망'을 욕망했던 것일 뿐이죠.

라캉의 욕망은 생물학적 충족욕(식욕, 수면욕, 성욕 등)이 아니라 다른 사람으로부터 '사랑의 대상'으로 인정받고 싶은 욕망이에요. 하지만 이런 사실을 선뜻 받아들이지 못하죠. 타자에게 '사랑의 대상'으로 인정받고 싶은 욕망은 우리의 '무의식'의 차원에서 일어나기 때문이에요.

진짜 '나'의 욕망을 찾아서

라캉은 "나의 욕망은 내 것이 아니다."라고 말하고 있어요. 황당함을 넘어 불쾌함마저 느끼게 될지도 모르겠어요. 라캉의 말은 내가 누군가에게 꼭두각시처럼 조종당하고 있다는 말처럼 들리기 때문이죠. 아니면 내가 개성 없이 누군가를 흉내만 내는 '따라쟁이'라고 말하는 것처럼 생각되기도 하고요. 하지만 라캉의 주장은 황당한 것도 아니며, 그의 주장을 불쾌해할 필요도 없어요.

✳

타자의 욕망이 주체에 결정적인 영향을 미친다.

_자크 라캉, 《욕망 이론》

인간이라면 누구나 일정 정도 타자의 욕망을 자신의 욕망으로 받아들일 수밖에 없어요. 왜 그럴까요? 라캉은 그 이유를 인간만의 독특한 유아기에서 찾아요. 인간이라는 종은 여타 다른 동물종과 근본적 차이가 있어요. 인간은 타자의 도움 없이 생존이 불가능한 유아기 시절이 다른 동물에 비해 현저히 길다는 점이에요.

물고기는 알에서 깨어 나오자마자 헤엄을 칠 수 있어요. 말은 태어나서 몇 시간 후면 스스로 걸을 수 있고요. 이들에게 생존이 위협받는 유아기는 거의 없다고 할 정도로 매우 짧아요. 하지만 인간은 태어나서 짧게는 1~2년, 길게는 3~4년 동안은 누군가의 절

대적 도움이 없다면 생존할 수 없어요. 바로 이 때문에 인간은 타인의 욕망을 자신의 것으로 받아들일 수밖에 없어요. 라캉에 대해 연구한 딜런 에번스(Dylan Evans)는 이렇게 말해요.

✳

인간 존재는 무력한 상태로 태어나서 그 자신의 욕구를 충족시킬 수가 없으며, 따라서 충족을 이루기 위해서는 대타자에게 의존해야 한다.
_딜런 에번스, 《라깡 정신분석 사전》

아이를 키우면서 발견한 사실이 하나 있어요. 그것은 아이가 좋아하는 음식이 엄마가 좋아하는 음식과 대부분 일치한다는 점이에요. 아이에게 어떤 음식을 좋아하냐고 물으면 파스타와 빵이라고 답해요. 아이는 정말 그걸 좋아하는 걸까요? 아니에요. 그건 엄마가 좋아하는 음식이에요. 엄마라는 절대적인 존재(대타자)에게 사랑받아야만 한다는 사실을 아이는 본능적으로 알아요. 그렇지 못하면 생존하기 어렵다는 사실을 알고 있기 때문이에요. 엄마(혹은 아빠)에게 사랑받아야만 했던 유아기 시절의 기억은 강렬하죠. 이 강렬한 기억은 무의식에 선명하게 각인되죠. "나는 사랑받아야만 해."라는 각인.

각인은 너무나 강렬하기에 성인이 되어도 좀처럼 사라지지 않아요. 이것이 바로 우리가 의식하지도 못한 채 누군가에게 '사랑의 대상'이 되려는 욕망에 사로잡히는 이유예요. 이렇게 인간은 타인의 욕망을 욕망하게 되는 거예요. 그 과정에서 우리는 타자의 욕망을 마치 내 것인 양 받아들이게 되는 거죠. 라캉이 '인간의 욕망은 타자의 욕망'이라고 단언했던 이유를 이제 알 수 있을 거예요. 타자에게 사랑의 대상이 되려는 인간이 어찌 타자의 욕망을 욕망하지 않을 수 있을까요.

나의 욕망은 어디에 있을까

이제 좀 우울한 기분이 들 수도 있어요. 이제껏 내가 원했다고 믿었던 것들이 모두 내가 원했던 것이 아니잖아요. '나'의 욕망은 내 것이 아니었어요. '나'는 단지 타자에게 사랑받기 위해서 타자의 욕망을 욕망했던 것뿐이에요. 달리 말해, 우리는 내가 원하는 삶을 사는 것이 아니라, 타자가 원하는 삶을 살아왔던 셈이에요. 이 슬픈 사실을 딱히 부정할 수도 없어요.

내 스타일의 청바지를 원했던 것도, 날씬한 몸매를 원했던 것도, 명문 대학을 가고 싶었던 것도 모두 타자(친구, 선생님, 부모님, 나아가 사회)가 원했던 것들이었잖아요. 돌아보면 우리의 삶은 타자에게 '사랑(관심)'받기 위한 삶이었음을 부정할 수 없을 거예요. 이런 삶은 우울하죠. 내가 원하는 삶이 아니라 타자가 원하는 삶은 필연적으로 우울할 수밖에 없잖아요. 어떻게 해야 할까요? 진정한 '나의 욕망'은 어떻게 찾을 수 있을까요? 라캉의 대답은 이래요.

✳

자신이 욕망하는 것이 진실로 자신이 소망하는 것인지 소망하지 않는 것인지를 알기 위해서, 주체는 다시 태어날 수 있어야 한다.

_자크 라캉, 《에크리》

라캉은 진정한 '나'의 욕망을 알고 싶다면 다시 태어나야 한다고 말해요. 이는 물리적인 죽음을 의미하는 것은 아닐 거예요. 라캉의 이 난해하고 모호한 말을 어떻게 이해해야 할까요? 질문을 조금 바꿔 볼까요? 우리의 욕망이 심각한 문제로 다가올 때가 언제일까요? '나의 욕망'이 '나'의 것인지 '타자'의 것인지 구분하지 못할 때일까요? 아니에요. 라캉에 따르면, 그것은 인간이라면 누구나 겪는 일일 뿐이에요.

'나'의 재탄생

욕망이 진정으로 문제가 될 때는 한곳에 굳게 들러붙어 버리는 경우예요. 즉, 어느 한 가지 욕망에 묶이는 거죠. '날씬한 몸매, 명문 대학, 많은 돈'을 욕망하는 것 자체는 사실 별문제가 아니에요.

사회 전체가 '날씬한 몸매, 명문 대학, 많은 돈'을 가진 사람에게 사랑과 관심을 보내는데, 우리가 어찌 그것을 욕망하지 않을 수 있겠어요. 인간은 누구나 사랑받고 싶으니까요. 심각한 것은 자신의 욕망이 평생 '날씬한 몸매, 명문 대학, 많은 돈'에 고착될 때예요. 이것은 결코 건강한 삶이 아니에요.

'주체(나)의 재탄생'을 욕망의 흐름으로 이해하면 어떨까요? 내게 어떤 욕망이 있다면, 그것이 '나의 욕망'인지 '타자의 욕망'인지를 구별하려고 애쓰기보다, 그 욕망을 빨리 흘려보내는 편이 더 좋아요. 명문 대학을 가고 싶은 욕망, 날씬한 몸매를 갖고 싶은 욕망이 '나의 욕망'인지 '타자의 욕망'인지를 고민할 것이 아니라, 그 욕망을 어떻게 흘려보내고 다시 새로운 욕망을 맞이할 것인지를 고민하는 편이 더 건강해요.

명문 대학을 욕망하던 사람이 노래하는 삶을 욕망하게 되는 것, 날씬한 몸매를 욕망하던 사람이 시를 쓰는 삶을 욕망하게 되는 것, 많은 돈을 욕망하던 사람이 따뜻한 마음을 욕망하게 되는 것. 이것이 바로 다시 태어나는 것 아닐까요? 이런 '주체의 재탄생'의 반복을 통해 우리는 오직 나이기에 원하게 되는 '진실로 자신이 소망'하는 욕망을 만나게 될 거예요. 이렇게 만나게 된 욕망이 바로 우리 삶을 조금 더 건강하고 유쾌하게 해 줄 '나의 욕망'이에요.

중독

중독을
어떻게
해야 할까요?

베네딕투스 데 스피노자_
코나투스

유튜브, 게임, SNS, 쇼핑. 우리가 즐기는 것들이죠. 정신없이 즐기다 보면 이런 이야기를 듣곤 하죠.

"너 그거 중독이야."

공부를 하다가 좋아하는 유튜브 채널을 보는 것, 방과 후에 친구들과 둘러 모여 게임을 하는 것, 멋진 사진을 공유하고 싶어 SNS을 하는 것, 시험이 끝나고 쇼핑을 하러 가는 것, 이런 모습들은 정말 중독인 걸까요? 쉽게 단정할 수는 없어요.

중독이 무엇일까요? 중독은 다채로운 세상을 오직 두 가지, 즉 중독된 대상과 나머지로만 나누는 마음 상태예요. 우리는 가족, 친구, 학교, 취미 등이 존재하는 다채로운 세상에 살죠. 하지만 게임에 중독된 사람은 '게임'과 '게임이 아닌 것' 두 가지만 존재하는 세상에 살아요. 이런 마음 상태가 바로 중독이에요.

중독은 병적 상태예요. 가족, 친구, 취미 같은 소중한 것들조차 모두 의미 없는 것으로 여기기 때문이죠. 중독된 이들에게는 그 소중한 것은 모두 중독의 대상(게임)이 아닌 것일 뿐이에요. 최근 들어 적지 않은 사람들이 무언가에 중독이 되거나 아니면 중독으로 치닫고 있어요. 그러니 이 질문은 지금 우리에게 중요할 거예요. "중독을 어떻게 해야 할까요?"

중독은 '코나투스'의 발현

이 질문에 대한 답은 스피노자(Benedictus de Spinoza)에게 들어 볼까요? 스피노자는 서양 철학사를 논할 때 빼놓을 수 없는 철학자예요. 저서로는 《에티카》, 《신학정치론》이 있어요.

스피노자는 여전히 신의 지배 아래 놓여 있던 17세기에 인간을 구속하는 것들을 비판하며 인간에게 진정한 자유를 돌려주려 애썼어요. 그는 누구보다 삶을 긍정하는 철학자였어요. 중독만큼 삶을 부정적으로 몰아가는 것도 없으니, 중독에 관한 이야기는 스피노자에게 듣는 것이 좋겠어요.

먼저 스피노자가 중독을 바라보는 관점에 대해 알아볼까요? 놀랍게도 스피노자는 중독을 부정적인 행동으로 간주하기보다 자연스러운 행동으로 볼 거예요. 의아하죠? 유튜브, 게임, 쇼핑, 술, 마약, 도박 등에 중독되어 그것을 탐닉하는 일이 자연스러운 행동이라니 말이에요.

"중독은 무엇인가요?"

이 질문에 스피노자는 이렇게 답할 거예요.

"중독은 코나투스의 발현이라네."

스피노자의 난해한 답을 이해하기 위해서 '코나투스'라는 개념부터 알아봐요.

＊

각각의 사물은 자신의 능력이 미치는 한, 자신의 존재를 끈질기게 지속하려고 노력한다. (중략) 각각의 사물이 자신의 존재를 끈질기게 지속하려는 노력(코나투스)은 그 사물의 현실적 본질 이외에 아무것도 아니다.

_베네딕투스 데 스피노자, 《에티카》

스피노자에 따르면, 세상의 모든 존재들은 '자신의 존재(돌멩이, 씨앗, 나무, 인간 등)를 끈질기게 지속하려고 노력'해요. 이를 쉽게 이해하려면 물리학적 '관성'을 생각하면 돼요. 관성이 무엇인가요? 정지해 있는 물체는 (외부의 힘이 없다면) 계속 정지해 있으려고 하고, 움직이는 물체는 (외부의 힘이 없다면) 계속 움직이려는 성질이잖아요. 이처럼 세상의 모든 존재는 자신의 존재를 끈질기게 지속하려고 노력하죠. 존재들의 이런 관성을 '코나투스'라고 말할 수 있어요.

인간의 코나투스

돌멩이의 코나투스는 무엇일까요? 작은 자갈들로 부서지지 않고 돌멩이로 존재하려는 노력(힘)이에요. 씨앗의 코나투스는 무엇일까요? 땅속에서 썩지 않고 활짝 핀 꽃으로 존재하려는 노력(힘)이지요. 나무의 코나투스는 무엇일까요? 줄기가 꺾이지 않고 풍성한 열매를 맺는 나무로 존재하려는 노력(힘)이에요. 그렇다면 인간의 코나투스는 무엇일까요?

✳

이 노력(코나투스)은 정신에만 관계되어 있을 때는 의지라고 불리지만, 그것이 정신과 신체에 동시에 관계되어 있을 때는 충동이라고 불린다. 그러므로 충동은 인간의 본질 자체일 뿐이며, 그것의 본성으로부터 필연적으로 인간의 보존에 기여하는 것들이 나온다.

_베네딕투스 데 스피노자, 《에티카》

인간의 코나투스는 '의지'와 '충동'이에요. 이것이 인간의 본질 자체이며, 이것들로 인해 인간의 보존, 즉 삶이 가능해지지요. 목이 마른 상황을 생각해 볼까요? 그때 우리는 물을 갖고 싶다는 '의지'와 물을 마시고 싶다는 '충동'이 들잖아요. 이 '의지'와 '충동'을 통해 물을 마시게 되죠. 바로 이 때문에 우리가 자신(인간)을 보존하며 살아갈 수 있는 거예요. 만약 목이 마를 때, 물에 대한 '의지'와 '충동'이 없다면 인간은 더 이상 자신을 보존하지 못해 죽게 되겠죠. 삶을 이어 나갈 수 있는 '의지'와 '충동', 그것이 바로 인간의 '코나투스'예요.

중독은 어떻게 만들어지는가

그런데 왜 중독이 코나투스의 발현인 걸까요? 먼저 중독이 작동하는 방식을 다시 한번 점검해 볼까요?

'즐거운 일→과도한 탐닉→중독'

이것이 세상 사람들이 이해하는 중독의 작동 방식이에요. 즐거운 게임을 하다가 그것을 과도하게 탐닉하게 되고, 결국 게임에 중독되게 된다고 여기죠. 하지만 이상하지 않나요? 즐거운 일을 자주 해도 중독되지 않는 경우가 있잖아요.

게임을 자주 즐기지만 중독되지 않는 이들도 있어요. 게임이 하고 싶을 때는 게임을 하고, 친구와 가족을 만날 때는 그들과 즐겁게 대화할 수 있는 사람들도 있어요. 이들과 게임에 중독된 이들은 무엇이 다른 걸까요? 중독의 작동 원리에서 결정적으로 놓친 것이 있어요. 중독의 진짜 작동 원리는 이래요.

'☐ → 즐거운 일 → 과도한 탐닉 → 중독'

여기서 ☐가 무엇이냐가 중요해요.

중독의 시작은 절망

☐ 안에 들어갈 말은 '절망'이에요. 게임에 중독된 이들이 있죠. 그들은 절망 때문에 게임에 빠지게 된 이들이에요. 절망이 무엇인가요? "내가 뭘 해도 아무것도 바뀌지 않을 거야!"라는 마음이에요. 즉 절망은 극복할 수 없을 것 같은 불행한 현실 앞에서 느끼는 감정이죠. 게임에 중독된 이들은 그 절망감을 잠시라도 잊기 위해 게임에 빠지게 된 거예요. 아무리 공부해도 부모가 원하는 만큼 성적이 나오지 않을 것 같은 절망감에 게임을 켤 때 이미 중독은 시작되는 셈이죠.

'중독은 코나투스의 실현'이라는 말을 이제 이해할 수 있을 거예요. 극복할 수 없을 것 같은 불행한 현실, 그것이 절망을 불러일으키죠. 그 절망은 우리를 서서히 파괴해요. 공부해도 성적이 오르지 않을 것 같을 때 계속 책을 붙들고 있으면 어떻게 될까요? 점점 절망하고 점점 시들어 가죠. 하지만 인간은 그렇게 서서히 파괴되거나 시들어 가려고 하지 않고 절망을 잠시라도 피할 작은 즐거움을 찾아요. 인간은 누구나 자신을 보존하려는 코나투스를 갖고 있기 때문이죠.

코나투스를 가진 인간은 절망 속에서도 어떻게든 살아 보려고 유튜브와 게임, 술과 도박 등에 몰입하는 거예요. 중독은 그렇게 우리를 찾아와요. 중독은 자연스러운 행동이에요. 서서히 우리를 파괴하는 절망 앞에서 작은 즐거움이라도 찾아 자신을 보존하고 지키려는 자연스러운 행동이죠. 유튜브나 게임이라도 할 수 있다면 절망스러운 삶에서 어찌어찌 버텨 나갈 수는 있어요. 반면 자살은 중독될 대상조차 없는 이들이 하는 비극적 선택인 셈이죠.

중독에서 어떻게 벗어날 수 있을까

그렇다면 중독된 상태로 그냥 살아도 좋은 걸까요? 아니에요. 어찌 되었든 중독은 병적인 상태니까요. 중독은 절망 속에서 겨우겨우 삶을 연명하는 것과 다르지 않아요. 중독은 최악은 아니지만 차악의 선택인 셈이죠. 그저 살아 있기 위해 중독되어 있는 삶이에요. 다채로운 세상을 중독된 대상과 그것 아닌 것으로만 봐야 한다면 삶은 너무 불행하지 않을까요? 이미 무언가에 중독되었다면, 혹은 중독을 향해 치닫고 있다면 중독이 시작된 곳에서 답을 찾아야 해요.

절망하지 않으면 중독되지 않아요. 그렇다면 어떻게 절망하지 않을 수 있을까요? 절망은 일종의 환상이에요. 절망은 현실인 것 같지만 그렇지 않아요. 절망은 '극복할 수 없을 것 같은' 불행한 현실일 뿐이에요. 불행한 현실이 곧 절망인 것은 아니에요. 내가 '극복할 수 없을 것 같은' 불행한 현실만 절망이 되죠. 어떤 불행한 현실이 닥쳐왔을 때, '나는 그것을 결코 극복할 수 없을 거야.'라고 마음먹을 때 만들어지는 상상이죠. 그것이 바로 절망의 정체예요.

절망에서 벗어날 방법은 간단해요. 불행한 현실에 맞서 보면 돼요. 이번 시험에서 부모님이나 선생님의 기대만큼 성적이 나오지 않을 것 같다면 절망할지도 몰라요. 그 절망에서 벗어날 방법은 그 불행한 현실에 맞서 보는 거예요. 거기에는 두 가지 방법이 있어요. 최선을 다해 열심히 공부하기! 혹은 최선을 다해 공부하지 않기! 이럴 때 우리는 불행한 현실 앞에서도 절망하지 않을 수 있어요.

불행한 현실에 맞서기

최선을 다해 공부하기

최선을 다해 공부해 본 이들은 결과와 상관없이 절망하지 않아요. 원하는 성적이 나오느냐 나오지 않느냐는 전혀 중요하지 않거든요. 원하는 성적이 나온다면 좋겠지만 그렇지 않아도 상관없어요. '최선을 다해 보았다.'는 경험이 무엇과도 바꿀 수 없는 자신의 자부심이 되기 때문이죠. 자부심이 있는 사람에게 결코 절망은 없어요.

최선을 다해 공부하지 않기

반대로 최선을 다해 공부를 거부해도 절망하지 않아요. 최선을 다해 공부를 거부한다는 것은 어떤 의미일까요?

"저는 매일 학원 가고 하루 종일 공부하는 게 싫어요!"

당당하게 부모님과 선생님에게 말하는 거예요. 그럴 수 있으면 절망하지 않아요. 이것 역시 결과와 상관없어요. 부모님과 선생님이 어떤 반응을 하는지는 전혀 중요하지 않아요. 내가 그 불행한 현실에 맞서 보았다는 사실이 중요해요. 그 과정에서 새로운 길이 열리기 때문이에요. 새로운 길이 열린 이들에게 절망은 없어요.

최선을 다해 공부하거나, 최선을 다해 공부를 거부하는 이들은 중독에 빠지지 않아요. 그들이 좋아하는 일은 절망으로 인해 좋아하게 된 일이 아니기 때문이죠.

최선을 다해 공부하거나 최선을 다해 공부하지 않는 이들은 중독에 빠지지 않아요. 주위를 둘러봐요. 최선을 다해 공부를 했던 아이라도 유튜브를 보고 게임도 할 거예요. 하지만 결코 중독되지 않죠. 그저 즐길 뿐이에요.

최선을 다해 공부하지 않기 위해 대안학교에 다니는 아이들도 있어요. 그들 역시 유튜브도 보고 게임도 해요. 하지만 그들 역시 건강하게 즐길 뿐 중독되지 않아요.

중독은 금지와 억압, 통제로 해결할 수 있는 문제가 아니에요. 이것이 중독에 대한 가장 큰 오해일 거예요. 금지는 욕망을 더욱 불러일으킬 뿐이에요. 인간은 하지 말라고 하면 더 하게 되는 존재니까요.

중독을 해결할 수 있는 근본적인 방법은 절망하지 않는 거예요. 내가 극복할 수 없을 것 같은 불행한 현실에 당당하게 맞서 보는 것! 그것으로 우리는 좋아하는 것을 건강하게 즐길 수 있고 중독으로부터 벗어날 수 있어요.

침묵

말하는 것은
언제나
좋은 것일까요?

루트비히 비트겐슈타인_
침묵

"너는 왜 매일 약속 시간 안 지키는 거야?"

"아, 미안. 엄마 심부름 하느라고."

민석이는 약속 시간에 매번 늦어요. '왜 매번 늦냐?'는 친구들의 타박에 조곤조곤 늦은 이유를 대고 사과하죠. 그의 조리 있는 말에 친구들은 더 이상 말하지 못하고 넘어가게 되죠. 물론 아무런 설명이 없는 것보다는 나아요. 왜 늦었느냐는 말에 아무 말 없이 침묵만 하는 친구가 있다고 생각해 봐요. 답답하거나 혹은 더 화가 나지 않을까요? 이처럼 말을 통해 의사소통을 한다는 것은 매우 중요하고 의미 있는 일이에요.

하지만 그렇다고 모든 문제가 해소된 것 같지는 않아요. 민석이의 조리 있는 말에도 불구하고 친구들은 찜찜함이 남아요. 찜찜함의 정체는 무엇일까요? 먼저 세상 사람의 믿음을 의심하는 것부터 시작해 볼까요? '언어(말·글)를 통한 의사소통은 좋은 것이다.' 이것이 세상 사람들의 믿음 중 하나일 거예요. 이 믿음은 정말 옳은 것일까요? 누군가의 유창한 말에도 불구하고 무언가 찜찜함을 느꼈다면 이 질문을 던져 봐야 해요.

"말하는 것은 정말 좋은 것일까요?"

비트겐슈타인의 언어

이 질문에 대한 답은 비트겐슈타인에게 들어 보면 좋겠어요. 많은 철학자들이 '정신(이성)'의 중요성을 이야기할 때, 비트겐슈타인은 정작 중요한 것은 인간의 '언어'임을 주장했죠. 그는 언어에 관해 누구보다 깊이 성찰한 탁월한 언어 철학자였어요. "말하는 것은 좋은 것일까요?"라는 질문에 그는 이렇게 답할지도 모르겠어요.

"말은 중요하지 않다. 정작 중요한 것은 침묵이다."

당황스럽지요? 언어(말)에 관해 성찰했던 철학자가 언어(말)가 중요하지 않다고 이야기하고 있으니까 말이에요. 의학이 중요하지 않다고 말하는 의사, 기술이 중요하지 않다고 말하는 기술자가 우리를 당황스럽게 만드는 것처럼요. 비트겐슈타인의 이야기를 이해하기 위해서 그의 철학, 즉 언어 철학이 무엇을 의미하는

지부터 알아봐야 해요. 그는 철학에 대해 이렇게 말하고 있어요.

✳

철학은 말할 수 있는 것을 명료하게 묘사함으로써, 말할 수 없는
것을 의미할 것이다.

_루트비히 비트겐슈타인, 《논리 – 철학 논고》

비트겐슈타인에게 철학은 먼저 '말할 수 있는 것'을 명료하게 하
는 일이었어요. 하지만 그것(말할 수 있는 것)은 도구일 뿐이죠. '말할
수 있는 것'을 명료하게 해 진정으로 도달하려던 지점은 '말할 수 없
는 것'을 드러내는 것이었어요. 마치 '빛(말할 수 있는 것)'을 비춰 '그
림자(말할 수 없는 것)'를 드러내는 것처럼 말이에요.

그런데 비트겐슈타인은 왜 굳이 '말할 수 있는 것'과 '말할 수 없
는 것'을 구분하려 했을까요? 오해 없는 완벽한 의사소통을 위해
서였어요. 우리는 많은 말을 해요. 하지만 그럼에도 온전한 의사
소통은커녕 서로 오해만 쌓이는 경우가 많죠. "오늘 같이 축구 하
자."라는 친구의 말에, "오늘은 집에 일찍 갈래."라고 답했어요.
나는 그저 피곤해서 그렇게 답했을 뿐인데, 친구는 이렇게 생각할
수 있죠. '쟤는 나를 싫어하는구나.'

이처럼 말이 오가도 온전한 의사소통이 되기보다 크고 작은

오해가 생기는 경우가 많아요. 그런 면에서 비트겐슈타인의 《논리—철학 논고》는 야심 넘치는 책이에요. 그는 이 책으로 '말할 수 있는 것'과 '말할 수 없는 것'을 완벽히 구분함으로써, 어떤 오해도 없는 완벽한 의사소통이 가능한 세상을 만들려고 했기 때문이에요.

그림 이론

비트겐슈타인은 언어를 어떻게 '말할 수 있는 것'과 '말할 수 없는 것'으로 구분하려고 했을까요? 그는 기본적으로 '언어는 세계를 표현하는 그림'이라고 생각했어요. 이것을 '그림 이론'이라고 해요. 세상의 수많은 구체적인 사물에 그림처럼 대응할 수 있는 언어만이 '말할 수 있는 것'이라는 거죠. 그렇다면 구체적으로 어떤 언어가 '말할 수 있는 것'일까요?

비트겐슈타인은 자연 과학이나 수학적인 언어들을 '말할 수 있는 것'으로 규정했어요. 자연 과학적, 수학적인 언어는 (그림처럼 그릴 수 있는) 명확한 대상이 있기 때문이죠. 이런 언어는 누구에게나 오해 없이 명확하게 전달될 수 있겠죠. 반면에 윤리적인 것, 종교적인 것, 개인적 취향, 정서 상태 등 인간의 내면에 관련된 것은 '말할 수 없는 것'이에요. 이런 것들은 명확한 대상이 없기 때문에 오해 없는 명확한 의사소통이 불가능하죠. 예를 들어 볼까요?

❶ "여름이 되면 더워질 거야."

❷ "그 학원은 30미터 직진하셔서 좌회전하면 있어요."

❸ "게임 중에는 브롤스타즈보다 재미있는 건 없어."

❹ "나 어제 멘붕 왔잖아."

비트겐슈타인 주장에 따르면, ①, ②는 '말할 수 있는 것'이고, ③, ④는 '말할 수 없는 것'이에요. 왜 그럴까요? ①은 자연 과학적인 표현이고, ②는 수학적인 표현이잖아요. 이것은 명확하게 그림으로 그릴 수 있죠. 이것은 누구나 오해 없이 완벽하게 의사소통할 수 있는 언어인 거죠. 하지만 ③은 개인적 취향을 표현한 것이고, ④는 정서 상태를 표현한 말이에요. 이는 명확한 대상이 없죠. 그림으로 그린다고 하더라도 각자 다르게 해석될 것이 분명해요. 이런 말은 오해를 불러일으켜 완벽한 의사소통을 불가능하게 하는 언어인 거죠.

'말할 수 있는 것'과 '말할 수 없는 것'

✳

말해질 수 있는 것, 그러므로 자연 과학의 명제들 (중략) 이외에는 아무것도 말하지 말고, 다른 어떤 사람이 형이상학적인 어떤 것을 말하려고 할 때는 언제나 그가 그의 명제들 속에 있는 어떤 기호들에다 아무런 의미도 부여하지 못하였음을 입증해 주는 것. 이것이 올바른 방법일 것이다.

_루트비히 비트겐슈타인, 《논리 – 철학 논고》

비트겐슈타인은 '말할 수 있는 것', 즉 자연 과학 혹은 수학적인 말들 이외에는 아무것도 말하지 말라고 해요. 또한 누군가 그림처럼 명확하게 표현될 수 없는 것(윤리, 종교, 취향, 정서 상태)을 말하려고 할 때, 우리가 그것이 아무것도 의미하지 않음을 입증해야 한다고 말해요. 비트겐슈타인은 이것이 언어(말, 글)를 대하는 올바른 태도라고 단언합니다. 그 올바른 태도를 유지할 때만 어떤 오해도 없는 완벽한 의사소통이 가능해지니까 말이에요.

이제 다시 민석이의 이야기로 돌아가 볼까요? 약속 시간에 늦은 민석이는 친구들에게 "미안해."라고 말했죠. 비트겐슈타인에 따르면, 이는 '말할 수 없는 것'이에요. 이는 민석이의 개인적인 정서 상태를 의미하는 것이니까요. "미안해."라는 말은 너무 많은 오해의 소지를 갖고 있어요. "미안하다고 말했으니 더 이상 잔소리하지 마."라는 의미일 수도 있고, "미안하지만 다음에도 그럴 수 있어."라는 의미일 수도 있잖아요. 이제 민석이의 "미안해."라는 말에서 느낀 찜찜함의 정체를 알 것 같죠?

민석이와 친구들은 언어(말)를 나눴지만 의사소통이 이뤄지지 않고 서로를 오해한 거예요. 그 오해가 바로 찜찜함의 정체예요. 친구들은 민석이의 "미안해."를 '다음부터는 늦지 않을게.'로 이해했어요. 하지만 민석이의 "미안해."는 '이번에도 대충 그냥 넘어가자.'라는 의미였어요. 언어(말, 글)는 분명 의사소통을 가능하게 하죠. 하지만 그건 어디까지나 '말할 수 있는 것'들을 말하는 경우에만 그럴 거예요. '말할 수 없는 것'을 말할 때는 의사소통은커녕 크고 작은 오해만 불러일으키게 돼요.

'말할 수 없는 것'을 말하는 법

하지만 문제가 있죠. 우리 삶이 자연 과학이나 수학으로 표현될 수 있는 것만으로 구성되지 않는다는 점이에요. 살아가다 보면 사랑하고, 고맙고, 미안한 마음이 생기고 때로 이런 '말할 수 없는 것'들을 전달하고 싶을 때가 있잖아요. 그때는 어떻게 해야 할까요? 달리 말해, 어느 날 민석이가 '이번에도 대충 넘어가자.'가 아니라, '다음부터는 늦지 않을게.'라는 말을 하고 싶을 땐 어떻게 해야 할까요?

＊

말할 수 없는 것에 관해서는 침묵해야 한다.

_루트비히 비트겐슈타인, 《논리 – 철학 논고》

비트겐슈타인은 "말할 수 없는 것에 대해서는 침묵해야 한다."
라고 말해요. 이는 단순히 '말할 수 없는 것에 대해서는 말하지 말
라.'는 의미가 아니에요. '말할 수 없는 것은 오직 침묵으로만 말할
수 있다.'라는 의미일 거예요. 약속 시간에 늦었을 때 "미안해."라
고 말하지 말고 침묵해 봐요. 고마운 이에게 "고마워."라고 말하
지 말고 침묵해 봐요. 사랑하는 이에게 "사랑해."라고 말하지 말
고 침묵해 봐요. 어떤 일이 벌어질까요?

그때 우리는 다음 약속에는 결코 늦지 않을 테고, 고마운 이에
게 작은 선물을 준비할 것이며, 사랑하는 이가 아플 때 밤새 병간
호를 해 주게 될 거예요. 침묵하면 행동하게 돼요. 말할 수 없어서
침묵했고, 말할 수 없었던 마음이 행동으로 배어 나오기 때문이죠.
어쩌면 우리가 행동하지 않는 것은, '말할 수 없는 것'들을 너무
쉽게 말해 버렸기 때문이 아닐까요? "미안해.", "고마워.", "사랑
해."라고 너무 쉽게 말해 버려서 또 약속 시간에 늦고, 정성스런 선
물을 준비하지 않고, 밤새 병간호를 하지 않게 된 것은 아닐까요?

'말할 수 없는 것'은 오직 침묵으로만 말할 수 있어요. '행동'은
침묵의 다른 이름인 셈이죠. 우리는 '말할 수 없는 것'들 앞에 침묵
하는 연습을 해야 해요. 우리는 침묵함으로써 오히려 더 많은 것
들을 말할 수 있는 근사한 사람이 될 수 있어요.

카메라

카메라로
행복을
찍을 수
있을까요?

발터 벤야민_
복제와 아우라

　카메라 셔터를 언제 누를까요? 여행이나 소풍을 갔을 때, 연예인이나 유명인을 만났을 때, 또 발그스름하게 갓 떠오른 태양이나 끝없이 펼쳐진 바다를 마주했을 때, 산 정상에 오르거나 장대한 폭포를 만날 때, 미묘한 차이는 있지만 모두 행복한 순간들이에요. 이처럼 우리는 행복한 장면을 만날 때 스마트폰을 꺼내 셔터를 눌러요. 행복한 순간을 사진으로, 영상으로 남기고 싶은 거예요.

　우리의 바람처럼 카메라로 행복을 찍을 수 있을까요? 언뜻 생각하면 그런 것도 같아요. 과거 행복했던 순간의 사진을 보며 흐뭇하게 미소 지을 수 있으니까요. 하지만 카메라로 찍은 것은 행복한 장면이 아니에요. 사진을 보고 머릿속에 남은 행복한 기억이 떠오른 것이지, 사진에 행복이 찍힌 것은 아니지요.

사진은 행복한 장면을 담지 못한다

처음으로 바다에 가 본 사람이 있다고 해 봐요. 그는 드넓은 바다에 매료되어 연신 셔터를 눌렀어요. 그리고 몇 년이 지나 그 사진을 다시 보게 되었어요. 그때 그는 사진을 보며 미소 짓겠죠. 미소를 지은 이유는 무엇일까요? 사진에 '행복한 장면(바다)'이 찍혀 있기 때문일까요? 아니에요. '행복했던 기억'이 남아 있기 때문이에요.

아무리 성능 좋은 카메라가 있더라도 우리가 곳곳에서 만나게 되는 행복한 장면을 그대로 찍을 수는 없어요. 입이 다물어지지 않을 정도로 장대한 폭포 앞에 서 있다고 해 봐요. 그 장면을 카메라로 찍어서 사진에 담을 수 있죠. 사진은 분명 장대한 폭포를 그대로 담고 있어요.

하지만 실제 폭포와 폭포를 담은 사진은 달라요. 무엇이 다를까요? 실제 폭포에는 "와!"라는 감탄사만 터져 나올 뿐 어떤 말로도 설명할 수 없는 경이로움이 있어요. 하지만 폭포를 찍은 사진에서는 경이로움을 느낄 수 없어요. 이것은 카메라로 행복한(즐거운, 설레는, 경이로운) 장면을 찍을 수는 없다는 사실을 드러내죠. 그렇다면 이제 궁금증이 생길 거예요.

"왜 카메라로는 행복한 장면을 찍을 수 없을까요?"

원본과 복제품

이 질문에 대한 답은 발터 벤야민(Walter Benjamin)이라는 독일계 유대인 철학자에게 들어 보면 좋겠어요. 벤야민은 《기술복제시대의 예술작품》이라는 책을 통해 원본과 복제품에 관한 깊고 예리한 사유를 보여 주었어요.

벤야민의 사유를 이해하기 위해 잠시 복사기도 카메라도 없던 고흐의 시대로 돌아가 봐요. 그때 고흐의 그림은 원본 하나뿐이겠죠? 하지만 요즘은 아주 손쉽게 수천, 수백만 장의 고흐의 그림을 만날 수 있죠. 복제 기술(복사기, 카메라 등)이 발전함에 따라 고흐의 그림을 얼마든지 똑같이 만들어 낼 수 있기 때문이죠.

성능 좋은 카메라나 복사기로 고흐의 그림을 똑같이 복제한다고 해 봐요. 그것은 고흐의 그림인가요, 아닌가요? 쉽게 답할 수 있는 문제가 아니에요.

벤야민은 기술 복제 때문에 원본과 복제품의 차이가 모호해진 시대를 사는 우리가, 과거와는 전혀 다른 예술적 조건에 처해 있다는 사실을 알려 주었어요.

"왜 카메라로는 행복한 장면을 찍을 수 없을까요?"

이 질문은 근본적으로 '원본-복제품'에 관한 논의예요. 행복한 장면은 '원본'이고, 그것을 찍은 사진은 '복제품'이기 때문이죠. 카메라로 행복한 장면을 찍을 수 없는 이유에 대해 벤야민은 이렇게 답해 줄 거예요.

"사진에는 아우라가 빠져 있기 때문이다."

벤야민에 따르면, '고흐가 그린 그림(원본)'과 '고흐의 그림을 복제한 그림(복제품)'에는 미묘한 차이가 있어요. 차이는 바로 '아우라'예요. 아우라란 무엇일까요?

아우라의 개념

✳

아우라의 개념을 이해하기 위해서는 우선 자연적인 대상의 아우라 개념을 예로 들어 설명하는 것이 좋겠다. (중략) 어느 여름날 오후 휴식의 상태에 있는 사람이 그림자를 드리우고 있는 지평선의 산맥이나 나뭇가지를 보고 있다. 그 순간 이 산, 그리고 이 나뭇가지가 숨을 쉬고 있다는 느낌을 받는다. 이런 현상이 산이나 나뭇가지의 아우라가 숨 쉬고 있다는 뜻이다.

_발터 벤야민, 《기술복제시대의 예술작품》

여름날 오후, 휴식을 취하고 있는 사람이 있어요. 그는 산등성이가 만들어 낸 그늘, 한들거리는 나뭇가지가 만들어 내는 반짝거리는 그늘 속에 있어요. 이렇게 아름다운 장면이 만들어 내는 독특한 분위기가 있죠. 그 분위기에 매료되어 산과 나뭇가지가 숨을 쉬는 것처럼 느껴질 정도예요. 이렇듯 우리를 매혹시키는 분위기, 그것이 바로 아우라예요.

우리를 압도하는 장대한 폭포 역시 그런 아우라가 있어요. 다른 아우라도 마찬가지예요. 너무나 매혹적이어서 빠져들 수밖에 없는 독특한 분위기를 가진 사람이나 사물, 경치를 만날 때 우리는 그 사람, 사물, 경치가 아우라를 가지고 있다고 말해요.

그런데 아우라는 역설적이에요. 우리는 아우라를 느낄 때 카메라 셔터를 누르려고 하죠. 하지만 셔터를 눌러 사진을 찍을 때 아우라는 사라져요. 내 눈앞에 있는 장대한 폭포에는 아우라가 있어요. 하지만 그것을 찍은 사진에는 아우라가 없어요. 사진에는 폭포의 모든 것이 그대로 담겨 있지만 오직 하나만은 빠져 있어요. 바로 아우라예요. 벤야민은 원본과 복제품 사이에는 분명한 차이가 있고, 그 차이는 아우라라고 말해요.

아우라의 본질은 '지금-여기에'

아우라는 우리를 매혹시켜 빠져들게 만드는 독특한 분위기를 의미해요. 그렇다면 아우라는 어디서 오는 것일까요? 길거리를 지나다 우연히 동경하는 연예인을 만났다고 해 봐요. 넋을 놓고 그 사람을 바라보겠죠. 그 연예인에게서 아우라를 느꼈기 때문이에요. 그 연예인의 아우라는 어디서 왔을까요? 당연히 그 연예인에게서 왔겠죠. 이는 수려한 외모와 화려한 옷차림에서 아우라를 느꼈다는 말일까요?

만약 그 연예인의 외모와 옷차림에서 아우라를 느낀 것이라면, 화면(혹은 사진) 속의 연예인에게서도 똑같이 아우라를 느껴야 하잖아요? 화면 속에서도 그의 수려한 외모와 화려한 옷차림은 그대로일 테니까 말이에요. 하지만 우리는 실제로 그 연예인을 눈앞에서 보았을 때만 아우라를 느끼죠. 그 연예인의 아우라는 그 자신으로부터 온 것이 맞지만, 외모나 옷차림에서 온 것은 아니에요. 그렇다면 그의 아우라는 어디서 온 것일까요?

✳

가장 완벽한 복제에서도 한 가지만은 빠져 있다. 그것은 예술작품의 여기와 지금으로서, 곧 예술작품이 있는 장소에서 그것이 갖는 일회적인 현존재이다.

_발터 벤야민, 《기술복제시대의 예술작품》

아우라의 본질은 '지금-여기'에 있어요. 그 연예인의 아우라는 그 연예인이 '지금-여기' 내 눈앞에 '일회적 현존재'로 있기 때문에 발생한 거예요. 다시 말해, 지금 이 순간에, 바로 여기서 단 한 번만 그 연예인을 볼 수 있기 때문에 아우라를 느끼는 거예요. 그 연예인은 '원본'이고, 화면(혹은 사진) 속 연예인은 '복제품'이죠. 가장 완벽한 복제에서도 한 가지만은 빠져 있어요. 그것은 원본이 갖고 있는 '지금-여기'에 있는 일회적 현존재예요. 즉, 아우라는 '지금-여기'에 있기 때문에 느낄 수 있는 거예요.

장대한 폭포를 카메라로 똑같이 복제해도 무엇인가 다른 이유는 바로 아우라 때문이에요. 사진 속 폭포에는 아우라가 빠져 있어요. 폭포의 경이로움은 아우라예요. 아우라는 폭포의 그 장대함이 '지금-여기'서만 느낄 수 있는 일회적 현존재이기 때문에 발생하는 거예요. 사진으로 그것을 찍는 순간 아우라가 사라져 버리는 이유도 마찬가지예요. 카메라의 셔터를 누르는 순간, '지금-여기'가 사라지고, 사진 속의 폭포는 '영원-거기'에서 볼 수 있는 존재가 되니까요.

아우라가 있는 '지금-여기'에 머물기

아우라는 우리에게 행복을 줘요. 그 행복을 남겨 두고 싶어 카메라 셔터를 누르는 거죠. 그렇다면 스마트폰의 등장으로 카메라가 일상이 된 지금, 우리는 더 많은 행복을 누리고 있을까요? 상황은 그 반대에 가까워요. 마음을 사로잡는 순간을 만났을 때, 그 순간을 음미하기보다 황급히 스마트폰을 찾죠. 그렇게 행복을 주는 아우라의 순간은 지나가 버려요. 벤야민은 기술 복제 시대의 아우라에 대해 이렇게 말해요.

✳

예술작품의 기술적 복제 가능성의 시대에서 위축되고 있는 것은
예술작품의 아우라다.

_발터 벤야민, 《기술복제시대의 예술작품》

벤야민은 예술 작품(원본)이 복제 가능해질수록 아우라는 위축된
다고 말하고 있어요. 전혀 어려운 이야기가 아니에요. 카메라를 생
각해 봐요. 아우라는 '지금-여기'에 있죠. 그 '지금-여기'를 훼손
하고 위축시키는 것이 바로 카메라잖아요. 카메라는 '지금'을 '영
원'으로, '여기'를 '거기'로 바꿔 놓는 장치이기 때문이에요. 어찌
보면 카메라는 아우라를 제거하는 장치인 셈이죠.

5월에 핀 예쁜 꽃에서 우리는 아우라를 느낄 수 있어요. 그 이유
는 '지금-여기'에 꽃이 있기 때문이에요. 하지만 스마트폰을 꺼내
려는 순간, 몰입되어 있는 '지금-여기'가 깨지고 말아요. 그렇게
우리의 행복도 깨지게 되죠.

아우라가 우리를 찾아올 때 해야 할 것은 카메라 셔터를 누르
는 게 아니에요. 잠시 멈추고 그 아우라를 그저 음미하면 돼요. 장
대한 폭포든, 5월에 핀 꽃이든, 우연히 만난 연예인이든, 우리를
매혹시킬 대상이 찾아오면 하던 것을 멈추고 '지금-여기'에서 잠
시 머물러요. 그렇게 그 순간의 행복을 충분히 음미할 수 있었으

면 좋겠어요. 행복이 행복한 이유는, 그 행복이 '지금-여기'에 잠시 머물기 때문이에요.

　행복은 희소해요. 그것이 행복의 본질이죠. 우리는 행복의 본질을 알지 못하기에 셔터를 누르면서 행복을 훼손하는 거예요. 사진으로 행복을 박제해 두고 싶은 어리석은 바람으로 오히려 행복에서 조금씩 멀어져 가는 것은 아닐까요? 행복한 상황이 찾아왔을 때 온전히 누리는 방법은 셔터를 누르는 것이 아니라, 모든 것을 멈추고 그 순간에 머무는 일일 거예요. 행복은 '지금-여기'에만 있으니까요.

콤플렉스

콤플렉스를
어떻게
극복해야
할까요?

질 들뢰즈_
차이와 강도

"나는 키가 작아."

"나는 뚱뚱해."

"우리 집은 가난해."

"나는 엄마(아빠)가 없어."

우리 모두는 싫은 자신의 모습이 있죠. 키가 작은 나, 뚱뚱한 나, 집이 가난한 나, 엄마(아빠)가 없는 나, 누구에게나 하나쯤은 있게 마련이에요. 세상에 완벽한 사람, 그래서 자신의 모든 것이 마음에 드는 사람은 존재하지 않아요. 그러니 자신에게 부정적인 모습이 있다는 사실 자체는 별문제가 아니에요. 하지만 그것이 문제가 될 때가 있어요. 그게 언제일까요?

자신의 부정적인 모습이 콤플렉스가 될 때예요. 콤플렉스가 무

엇일까요? 삶 전체가 그 부정적인 모습에 매이게 되는 것을 의미해요. 키가 작은 나는 키 큰 친구에게 이유 없이 주눅 들 때가 있죠. 뚱뚱한 내 모습이 다른 사람에게 어떻게 보일지 하루 종일 신경 쓰일 때도 있어요. 집이 가난해서 부잣집 친구를 이유 없이 시기할 때도 있고요. 어떤 문제가 생기면 모두 엄마(아빠)가 없는 상황 때문이라고 단정하기도 해요.

우리를 괴롭히는 콤플렉스

그것은 '작은 키', '뚱뚱함', '엄마(아빠) 없는 가족', '가난함'이 우리의 콤플렉스가 되었기 때문이에요. 콤플렉스는 우리를 집요하게 괴롭혀요. 검은 점이 몇 개 찍힌 하얀 백지를 생각해 봐요. 검은 점이 우리의 어둠이고 부정적인 면이에요. 그리고 드넓은 하얀 여백은 우리의 밝음이고 긍정적인 면이에요. 우리의 시선은 어디에 가 있을까요? 몇 개의 검은 점에만 계속 머물러 있을 거예요.

이것이 콤플렉스가 우리를 집요하게 괴롭히는 방식이에요. 몇 개의 작은 점(콤플렉스)에 집중하느라 정작 밝고 긍정적인 넓은 면(있는 그대로의 자신)을 보지 못하는 것이죠.

콤플렉스를 극복하기 위한 방법은 간단하고 명료해요. 검은 점에서 시선을 떼고 하얀 여백을 보면 돼요. 하지만 그게 쉬운가요? 작은 점(콤플렉스)을 보지 말라고 말하면 말할수록 검은 점에 더욱 신경이 쏠리게 되잖아요. 그렇다면 어떻게 그 작은 점에서 시선을 뗄 수 있을까요? 달리 말해, '콤플렉스'를 어떻게 극복할 수 있을까요?

콤플렉스를 어떻게 극복할까

이 질문에 대한 답은 질 들뢰즈(Gilles Deleuze)에게 들어 보는 게 좋겠어요. 그는 《안티 오이디푸스》, 《차이와 반복》, 《천 개의 고원》 등의 저서를 통해, 서양 현대 철학의 최고봉이라고 평가받는 프랑스 철학자예요. "콤플렉스를 어떻게 극복할 수 있을까?" 이 질문에 들뢰즈는 "'-되기'로 가능하다네." 라고 말해 줄 거예요.

그렇다면 '-되기'가 무엇일까요? 그것은 지배적이고, 관성적이고, 익숙한 것에서 벗어나 다른 존재가 되어 가는 것을 의미해요. 쉽게 말해, 지금의 (지배적, 관성적, 익숙한) '나'가 아닌 다른 '나'가 되어 가는 과정이 바로 '-되기'라고 말할 수 있어요. 예를 들어 볼게요. 공부만 하던 아이가 음악을 좋아하는 아이로 변해 가는 것, 운동만 좋아하던 아이가 여자 친구에게 빠져들게 되는 것, 이것이 바로 '-되기'예요. 그때 그 아이는 이전의 '나'가 아닌 다른 '나'가 되어 가고 있기 때문이죠.

'-되기'를 통해 콤플렉스는 극복 가능해요. 적어도 이론적으로는 분명해 보여요. 작은 키가 콤플렉스인 친구가 있다고 해 봐요.

그 친구는 왜 콤플렉스에서 벗어나지 못했던 걸까요? 자신을 지배하고 있는 관성적이고 익숙한 '나'에 계속 머물러 있기 때문이죠. 하지만 어느 날 그런 '나'에서 벗어나 다른 '나-되기'가 되면 어떻게 될까요? 작은 키는 더 이상 콤플렉스가 아닐 거예요. "키 좀 작은 게 뭐 어때서?"라고 당당히 말하는 사람이 될 테니까요.

다른 '나 -되기'

이제 또 다른 질문이 생기죠. 어떻게 다른 '나-되기'가 가능할까요? 사람은 쉽게 바뀌지 않아요. 그래서 한번 콤플렉스가 생기면 계속 콤플렉스로 남는 경우가 더 흔하죠. 작은 키가 콤플렉스인 사람이 콤플렉스를 극복하기 위해 갖가지 노력을 한다 하더라도, 키 큰 사람들 앞에만 서면 괜히 주눅이 들거나 키 큰 사람들을 시기하는 마음은 좀처럼 변하지 않을 거예요. 하지만 콤플렉스가 극복되는 경우, 즉 이전의 '나'를 벗어나 다른 '나-되기'가 되는 경우가 있어요.

머리가 나쁜 것이 콤플렉스였던 사람을 알고 있어요. 그는 머리가 나쁘다는 사실을 들킬까 봐 늘 노심초사했고, 무슨 일을 시작하기도 전에 주눅이 들곤 했어요.

하지만 그는 지배적이고 관성적이고 익숙한 나에서 벗어나 '전혀 다른 나'가 되었어요. 그는 지금 복잡하고 난해한 글을 쓰는 작가가 되었어요. 이제 그는 "나는 머리 나쁜 작가야."라고 농담 삼아 말할 정도로 콤플렉스를 극복했어요. 어떻게 과거의 '나'를 벗어나 '나-되기'가 가능했을까요?

익숙한 나에서 벗어나는 힘

'-되기'는 그냥 되지 않아요. 힘이 필요하죠. 들뢰즈는 그 힘을 '강도(强度)'라고 표현했어요. 강도는 말 그대로 강한 정도, 세기를 의미해요.

이제 우리가 콤플렉스에 집착하는 '나'에서 벗어나 다른 '나'가 될 수 있는 비밀이 보일 것도 같아요. '-되기'를 가능하게 하는 힘, 즉 '강도'를 어떻게 발생시킬 수 있는가에 대한 답만 찾으면 되니까요. 그 힘으로 우리는 과거의 '나'와 다른 '나-되기'가 가능해질 거예요. 이에 대해 들뢰즈는 이렇게 말해요.

✳
강도는 현실화 과정에서 결정적인 역할을 떠맡는 규정자이다.

_질 들뢰즈, 《차이와 반복》

들뢰즈에 따르면, 강도는 어떤 존재가 현실화되는 과정에서 결정적인 역할을 해요. 어려운 이야기가 아니에요. 예를 들어, 씨앗은 아직 꽃이 아니죠. 하지만 씨앗은 언젠가 꽃으로 '현실화'되죠. 그 과정에서 결정적인 역할을 하는 어떤 힘이 필요한데, 그 힘이 바로 '강도'인 거예요.

마찬가지로, '콤플렉스에 빠져 있던 나'에서 벗어나 콤플렉스를 극복한 '나-되기'가 현실화될 때 결정적인 역할을 하는 것 역시 '강도'예요. 이제 그 '강도'가 무엇인지 조금 더 깊이 알아보도록 해요.

'차이'에서 만들어지는 '강도'

✻

강도는 차이다.

_질 들뢰즈, 《차이와 반복》

들뢰즈는 '강도'를 '차이'라고 말합니다. 의아하죠? '강도(세기, 힘)'는 '차이(다름)'와 어떤 상관이 있는 걸까요? 3층 건물 옥상 난간에 돌멩이 하나가 올려져 있어요. 그때 그 돌멩이는 '위치 에너지'라는 '강도'를 갖고 있죠. 그런데 그 돌멩이의 '강도'는 어디서 왔을까요? 높이죠. 3층 건물의 옥상이라는 높이 때문에 발생한 위치 에너지가 바로 그 돌멩이가 갖고 있는 힘, 즉 '강도'잖아요. 이제 다시 물어볼게요. 그 높이는 어디서 왔을까요? 바로 땅바닥과 3층 건물 옥상이라는 '차이'에서 왔어요. 그러니 '강도'는 바로 '차이'인 거죠.

'땅바닥'과 '건물 옥상'은 높이가 다르죠. 그 다름(차이) 때문에 힘(강도)이 발생하는 거예요. 반대로 차이가 나지 않는다면, 즉 '땅바닥-땅바닥'(혹은 '옥상-옥상')이라면 어떤 위치 에너지(강도)도 발생하지 않겠죠. 그 둘의 높이 차이 때문에 힘이 발생하는 것이니까요. 그리고 하나 더 주목해야 할 사실이 있어요. '차이'가 많이 날수록 그 '강도' 역시 커진다는 사실이에요. 당연하지 않나요? '땅바닥-3층'보다 '땅바닥-100층'이 더 큰 위치 에너지(강도)를 갖게 되니까 말이죠.

이처럼 '강도'는 바로 '차이'예요. 이는 다른 예로 얼마든지 설명할 수 있어요. 50℃의 물이 있다고 생각해 봐요. 50℃라는 온도는 그 물의 '강도(힘. 세기)'죠. 그것은 어디서 왔을까요? 100℃의 물과 0℃인 외부 온도와의 '차이'로 인해 발생된 거죠. 쉽게 말해, 뜨거운 물(100℃)이 차가운 바닥(0℃)에 있었기 때문에 50℃의 물이 된 거예요. 즉, 50℃라는 '강도'는 바로 두 물체(뜨거운 물-차가운 바닥)의 온도의 '차이'예요.

강도를 통해 돌멩이도 물도 다른 존재로 '-되기'가 가능해져요. 돌멩이가 바닥에 떨어져 바닥에 홈을 내는 '홈-되기'가 가능해요.

또 100℃의 물이 50℃로 식으며 주변의 '온도 상승-되기'가 가능하고요. 이처럼 강도는 현실화 과정에서 결정적인 역할을 해요.

우리의 '-되기'가 어려운 이유

이제 우리의 이야기로 돌아가 봐요. 돌멩이와 물은 비교적 쉽게 (자연스럽게) '-되기'가 가능한데 우리는 왜 다른 나로 '-되기'가 어려운 것일까요? 돌멩이는 땅바닥을 자연스럽게 응시하죠. 달리 말해, 바닥으로 떨어지는 것을 두려워하거나 걱정하지 않아요. 하지만 우리는 우리의 '땅바닥(단점)'을 좀처럼 응시하지 않고 오히려 외면하죠. 이것이 우리의 '-되기'가 어려운 이유예요. 낮은 곳을 외면하기에 강도가 발생하지 않고, 그 때문에 '-되기'를 할 수 있는 힘이 발생하지 않는 것이죠.

✳

강도는 심지어 가장 낮은 것까지 긍정하고, 가장 낮은 것을 어떤 긍정의 대상으로 만든다. 여기까지 나아가기 위해, 심지어 점진적 감소의 상태에서도 어떤 긍정을 만들어 내기 위해서는 폭포의 역량이나 전락의 역량이 필요하다.

_질 들뢰즈, 《차이와 반복》

앞서 말했던 머리 나쁜 작가 이야기로 돌아가 볼까요? 머리가 나빴던 그 사람은 어떻게 복잡하고 난해한 주제로 글을 쓰는 '작가-되기'가 가능했을까요? 그는 '폭포의 역량', '전락(아래로 떨어짐)의 역량'을 발휘했기 때문이에요. 그는 폭포의 물이 아래로 떨어지는 것처럼 자신의 가장 낮은 바닥(콤플렉스)을 응시했어요. "그래, 나는 머리가 나쁘지."라며 그것을 정면으로 응시하고 받아들였어요. 그것을 인정하고 책을 읽고 공부를 해 나갔어요. 그러면서 강력한 '강도'가 발생했어요.

가장 낮은 것까지 긍정하기

학창 시절부터 책만 읽고 공부만 하던 사람과는 전혀 다른 방식의 글을 쓸 수 있는 강도가 발생한 거죠. 학창 시절, 책과 공부는 뒷전이고 사고만 치고 연애만 하던 그였기에 가능한 일이었어요. 그가 가장 낮은 바닥을 긍정하자 힘(강도)이 발생했고, 그 힘(강도)으로 열 몇 권의 책을 내면서 '작가-되기'를 할 수 있었어요. 그렇게 다른 '나-되기'를 통해 콤플렉스로부터 벗어난 그에게 '나쁜 머리'는 콤플렉스가 아니라 자부심이 되었어요.

콤플렉스의 극복은 콤플렉스 그 자체로부터 시작해야 해요. 콤플렉스를 외면하지 말고 있는 그대로 바로 보는 것으로 시작해야 하는 거죠. 자신의 가장 낮은 것을 긍정해야만 차이가 나고, 그 차이가 바로 우리를 다른 '나-되기'로 이끌 강도를 발생시킬 수 있기 때문이에요. 어쩌면 자신의 콤플렉스가 낮은 것이면 낮은 것일수록 다행스러운 일일지도 모르겠어요. 그 높이 차이만큼 강력한 힘(강도)이 발생하니까 말이에요.

콤플렉스를 극복하고 싶다면 자신의 가장 낮은 곳을 용기 내어 당당하게 말하는 연습이 필요해요.

"나는 키가 작아. 그게 어때서?"

"나는 뚱뚱해. 그게 어때서?"

"우리 집은 가난해. 그게 어때서?"

"나는 엄마가 없어. 그게 어때서?"

당당하게 이렇게 말할 수 있을 때, 우리는 콤플렉스를 벗어날 수 있어요. 콤플렉스를 드러낼 때, 그것은 더 이상 콤플렉스가 아니에요. 들뢰즈가 《차이와 반복》에서 우리에게 당부했던 말을 잊지 말아요.

✳
가장 낮은 것까지 긍정하기!
_질 들뢰즈, 《차이와 반복》

틀

왜 생각을
바꾸기
어려울까요?

토머스 쿤_
패러다임

"세상에서 돈이 제일 중요해!"

이런 생각이 확고한 사람들이 있죠. 그들의 생각은 좀처럼 바뀌지 않아요. 돈보다 중요한 것에 대해 수많은 사례를 들어 논리적으로 이야기해도 소용없죠. 사실 우리도 비슷할 거예요. 우리가 갖고 있는 확고한 생각들이 있어요. 예를 들어, "일단 대학은 가야 해!" 같은 생각이죠. 아마 '대학을 가지 않아도 훌륭한 삶을 살 수 있다.'고 많은 사례를 들려줘도 생각은 좀처럼 바뀌지 않을 거예요.

이처럼 이미 갖고 있는 생각은 좀처럼 바뀌지 않아요. 이것은 꽤 심각한 문제예요. 생각은 행동을 낳고, 행동은 삶이 되기 때문이에요. 그러니 생각이 바뀌지 않는다는 것은 삶이 바뀌지 않는다는 것을 의미해요. 생각이 바뀌지 않는 삶은, 같은 자리를 뱅뱅 도는 삶과 크게 다르지 않아요. 이보다 불행한 일이 또 있을까요? 더 늦기 전에 물어야 해요.

"왜 생각을 바꾸기 어려울까요?"

토머스 쿤의 '패러다임'

이 질문에 대한 답은 토머스 쿤(Thomas Kuhn)이라는 과학 철학자에게 들어 볼까요?

쿤은 과학 발전에 관한 새로운 해석으로 주목을 받았어요.

"과학은 연속적, 점진적으로 발전한다."

이것이 과학에 대한 일반적인 견해였어요. 하지만 쿤은 이런 견해에 동의하지 않았어요. 오히려 쿤은 "과학의 발전은 불연속적이고 단절적으로 이뤄진다."라고 주장했지요. 이는 기존의 과학에 대한 생각을 전면적으로 뒤집는 혁명적인 주장이었어요.

"왜 생각을 바꾸기 어려울까요?"

이 질문에 쿤은 이렇게 답할 거예요.

"패러다임을 바꾸기 어렵기 때문이라네."

'패러다임'은 무엇일까요? 패러다임(paradigm)은 그리스어 '파라데이그마(paradeigma)'에서 유래했어요. 패턴(pattern), 모형(model), 사례(example)를 의미하는 단어죠. 이 단어에 새로운 생명력을 불어넣은 사람이 토머스 쿤이에요. 패러다임에 관한 쿤의 이야기를 직접 들어 볼까요?

패러다임은 방법들의 원천이요, 문제 영역이며, 어느 주어진 시대
의 어느 성숙한 과학자 사회에 의해 수용된 문제 풀이의 표본이다.
_토머스 쿤,《과학혁명의 구조》

쿤은 먼저 패러다임을 '방법들을 생각해 내는 원천'이라고 말해
요. 패러다임은 하나하나의 생각들을 만들어 내는 원천인 거죠. 쉽
게 말해, 패러다임은 '사고방식의 틀'이라는 의미예요. '구체적인
하나의 방법'이 생각이라면, 그 생각 자체를 가능케 하는 '사고방
식의 틀'이 바로 패러다임인 거죠.
한 가지 예를 볼까요? 우리 시대의 대표적 패러다임은 '자본주
의'죠. 달리 말해, 우리의 생각은 자본주의라는 '사고방식의 틀'
안에서 이뤄지죠.

꽃, 노트북, 사랑 같은 단어를 떠올려 볼까요? 자신도 모르는 사
이에 생각이 흘러가요. "저 꽃을 꺾어서 팔면 얼마를 벌 수 있을
까?" "이 노트북은 얼마일까?" "돈도 없는 주제에 사랑할 수 있을
까?" 이는 우리의 생각이 자본주의라는 패러다임에 따라 흘렀기
때문에 발생한 거예요. 이것이 우리의 생각이 변하지 않는 이유이

고, 우리의 패러다임(사고방식의 틀)이 변하지 않기 때문에 생각 역시 바뀌지 않는 거예요.

패러다임을 바꾸기 어려운 이유

그렇다면 이제 질문을 바꿔야겠죠? 왜 패러다임은 바꾸기 어려울까요? 패러다임은 '사고방식의 틀'이에요. 우리는 어떤 경우에도 이 '사고방식의 틀'에 맞춰 생각해요. 패러다임은 세계를 보는 관점, 즉 세계관이라고 말할 수 있어요. 세계관은 쉽사리 변하지 않아요. 세계관은 이성(생각)의 영역이라기보다 믿음의 영역이기 때문이에요.

한번 형성된 세계관은 아주 견고해서 웬만해서는 틈도 나지 않고 흔들리지도 않아요. 쿤은 패러다임의 변화가 어려운 이유에 대해 이렇게 말해요.

＊

패러다임으로부터 패러다임으로의 이행은 강제될 수 없는 개종 경험(conversion experience)이다. (중략) 옛 전통을 신봉하는 이들이 일생에 걸쳐 벌이는 (중략) 저항의 근원은 결국 옛 패러다임이 모든 문제를 풀어 주리라는 확신, 즉 자연히 패러다임에 의해 제공되는 틀 속으로 맞춰진다는 확신에 있다. (중략) 혁명기에는 그런 확신은 고집스럽고 완고하게 여겨질 수밖에 없다.

_토머스 쿤, 《과학혁명의 구조》

　패러다임의 전환은 일종의 개종과 비슷해요. 말하자면 기독교인이 불교 신자가 되는 것처럼 드문 경험이죠. 왜 그럴까요? '옛 전통을 신봉하는 이들'이 항상 저항하기 때문이에요. 이 저항은 극렬하고 집요해요. '옛 패러다임이 모든 문제를 풀어 주리라는 확신'을 갖고 있기 때문이에요. 그러니 이미 갖고 있는 패러다임의 확신은 고집스럽고 완고하게 여겨질 수밖에 없죠.

　"우유는 건강에 좋다." 대체로 옳다고 믿는 생각일 거예요. 하지만 놀랍게도 과학적으로 우유가 건강에 이로운지 해로운지는 여전히 논쟁 중이에요. 그럼에도 불구하고 우리는 일상적으로 우유를 마시죠. 왜 그럴까요? '우유가 건강에 좋다'는 생각이 패러다임이 되었기 때문이에요. 그래서 우유가 건강에 해롭다는 과학적 근거가 나오더라도 우유가 건강에 좋다는 확신은 고집스럽고 완고하게 유지되는 거죠. 패러다임은 쉽게 변하지 않아요.

패러다임은 시대마다 다르다

패러다임은 분명 모든 사람들이 벗어날 수 없는 사고방식의 틀이에요. 하지만 영원불변한 것은 아니에요. 쿤에 따르면, 패러다임은 주어진 시대마다 달라요. 아침에 해가 떠서 저녁에 해가 지는 것을 보고 우리는 이렇게 말하겠죠. "지구가 자전축을 중심으로 자전을 하기 때문이에요." 하지만 과거 어느 시대의 과학자들이 이 말을 들었다면 이렇게 말했겠지요. "어린것이 벌써 정신 나갔구나!"

당연한 일이죠. 패러다임은 시대에 따라 다르니까요. 지금 우리 시대의 패러다임은 '지동설(지구가 움직인다)'이지만, 과거 어느 시대의 패러다임은 분명 '천동설(지구를 중심으로 하늘이 움직인다)'이었잖아요. 어느 시점에서 패러다임의 전환(천동설→지동설)이 일어난 거죠. 이런 패러다임의 전환은 관련된 다른 생각들도 모조리 바꾸게 마련이에요.

'천동설'의 시대에는 우주의 중심이 지구죠. 이런 패러다임(천동설)은 자기(지구 혹은 나)중심적인 생각을 하게 만들어요. 천동설이라는 사고방식의 틀에서 생각하게 될 테니까요. 하지만 '지동설'의 시대는 다르죠. '지동설'에서 우주의 중심은 지구가 아니잖아요. 이 패러다임(지동설)은 '나(지구)'-'타자(태양)'를 모두 고려하는 입체적인 생각을 하게 될 수밖에 없어요. 이처럼 패러다임(사고방식의 틀)의 변화를 통해 구체적인 하나하나의 생각도 모두 변하게 되는 거죠.

이제 우리는 패러다임의 특징 두 가지를 정리할 수 있어요. 패

러다임은 어떤 생각을 가능케 하는 '사고방식의 틀'이라는 것과 시대에 따라 다르다는 것이지요. 이것이 토머스 쿤의 패러다임이에요. 쿤은 이와 같은 패러다임의 전환을 통해 과학 자체가 다시 정의된다고 말해요.

생각을 바꾸는 법

이제 고집스러운 우리의 생각을 어떻게 바꿔 나갈 수 있을지 알 것 같아요. 생각 그 자체는 잘 바뀌지 않아요. 하나하나의 생각은 패러다임에 근거하고 있기 때문이죠. 생각은 패러다임의 전환을 통해서 바뀔 수 있어요.

"일단 대학을 가야만 해!" "세상에서 돈이 제일 중요해!" 이런 생각은 왜 좀처럼 변하지 않을까요? 그 생각들이 어떤 패러다임에서 나왔는지 고민해 보지 않았기 때문이에요. 생각을 바꾸고 싶다면, 지금 우리를 지배하고 있는 패러다임이 무엇인지 고민해 봐야 해요.

"대학은 꼭 가야만 해!" 이런 생각은 '학벌 중심주의'라는 패러다임에서 나왔죠. 또 "세상에서 돈이 제일 중요해!"는 '물질 만능주의'라는 패러다임에서 나왔을 거예요. 분명 우리는 이런 패러다임의 지배를 받고 있어요. 하지만 쿤의 말처럼 어떤 패러다임도 영원불변하지 않아요. 시대마다 달라지죠. '학벌 중심주의'나 '물질

만능주의'는 어느 한 시대의 패러다임일 뿐이에요. 여러분이 살아갈 시대에는 다른 패러다임이 존재할 거예요. 그것이 무엇인지 고민해 보는 과정에서 생각은 바뀌게 될 거고요.

그러니 생각을 바꾸고 싶다면 생각 자체에서 눈을 떼고, 세상의 변화에 주목해야 해요. 세상은 늘 변해 왔어요. '종교'의 시대에서 '이성'의 시대로, '천동설'의 시대에서 '지동설'의 시대로, 또 '봉건제'의 시대에서 '민주제'의 시대로 변해 왔어요. 이 변화 속에서 우리는 수많은 패러다임의 전환을 목격했어요. 그러면서 우리가 확신했던 생각이 편견과 고정 관념이었다는 걸 깨달았어요. 생각에 갇힌 우리가 점검해야 할 것은 '생각'이 아니라 '패러다임'이에요.

폭력

폭력은
어떻게
탄생할까요?

모리스 메를로퐁티_
몸과 폭력

느닷없는 욕설, 손과 발로 때리는 행동……. 모두 폭력이죠. 친구, 선배 혹은 가족에게 한 번 정도는 이런 폭력을 경험한 적이 있을 거예요. 크고 작은 폭력은 마음에 상처로 남아요. 그 상처는 다시 우리에게 무엇을 남길까요? 증오예요. 누군가 우리에게 소리를 지르고 폭력을 가할 때 우리는 증오의 감정에 빠지게 되어요. 이렇게 폭력을 당한 뒤에 남은 증오의 감정이 폭력 그 자체보다 더 큰 문제일지도 모르겠어요.

이 경우 증오는 두 가지예요. 폭력을 행사한 이에 대한 증오와 폭력을 당한 자신에 대한 증오. 여기서 두 번째 증오가 더 큰 문제예요. 이상한가요? 폭력을 당한 것은 '나'인데, '나' 자신을 증오하게 된다니 말이에요.

왕따를 생각해 볼까요? 누군가를 왕따시키는 것은 폭력이죠. 그것도 지속적으로 반복되는 나쁜 폭력이에요. 왕따를 당한 아이는 처음에는 자신을 왕따시킨 아이들을 증오하죠.

하지만 왕따가 지속되면 증오는 어느새 자신을 향하게 되어요. '내가 못나서 왕따를 당하는 거야.' 지속된 폭력은 자기 증오와 자괴감을 남겨요. 스스로를 미워하고 스스로를 부끄러운 존재로 여기기 되는 것, 이보다 큰 문제도 없을 거예요. 폭력의 치명적인 문제는 바로 여기에 있어요. 지금은 갖가지 폭력이 난무하는 세상이에요. 그러니 증오와 자괴감을 잠시 멈추고 차분하게 질문할 수 있어야 해요.

"폭력은 어떻게 탄생할까요?"

메를로퐁티의 '몸'

이 질문에 대한 답은 모리스 메를로퐁티(Maurice Merleau-Ponty)라는 프랑스 철학자를 통해 들어 볼까요? 먼저 메를로퐁티의 몸에 대한 사유로부터 시작해 봐요. 전통적인 서양 철학에서는 몸과 정신을 구분했어요. 그리고 나아가 몸보다 정신을 중요하게 여겼어요. 하지만 메를로퐁티는 이런 전통적인 서양 철학의 의견에 반기를 들었어요. 그는 인간은 (인식하고 사유하는) '정신'적인 존재이기보다 근본적으로 '몸'을 가지고 살아가는 존재라고 주장했어요.

✳

  언뜻 난해하게 들리지만 그렇지 않아요. 어느 아파트 옆을 걸어가고 있다고 해 볼까요? 아파트 정면을 지나, 모서리를 지나, 측면으로 걸어가며 아파트를 볼 수 있을 거예요. 아파트는 자신의 여러 가지 모습을 우리에게 보여 줄 거예요. 자, 이제 집으로 돌아왔어요. 눈을 감아요. 그리고 아파트를 상상해 그려 볼까요? 우리는 직접적으로 본 정면과 모서리, 측면뿐인 아파트를 그릴까요? 아니죠. 아파트의 뒷면과 윗면이 모두 포함된 입체적 아파트를 그려 낼 수 있어요.

  신기하지 않나요? 우리는 어떻게 보지도 않은 아파트의 모습까지 그릴 수 있었던 것일까요? 보통은 생각하고 상상할 수 있는 '정신'적인 측면 때문이라고 답하겠죠. 정말 그럴까요? 그렇지 않아요. 그것은 '신체(몸)'적인 측면 때문에 가능한 일이에요. 나의 몸이 걸어서 아파트 뒷면으로, 옥상으로 가 본 경험이 있기 때문이에요. 만약 그런 운동을 가능케 할 몸이 없었다면, 동일한 사물의 다양한 측면이 나에게 나타나지 않았을 거예요.

달리 말해, 과거 아파트를 입체적으로 보았던 '신체적 경험'이 없다면 아파트라는 대상의 통일성을 파악할 수 없는 거예요. 메를로퐁티는 단호하게 말해요. 몸이 있기에 정신 또한 작동할 수 있다고 말이죠. 이를 통해 메를로퐁티는 인간의 정신이 몸에 얼마나 크게 의존하고 있는지를 분명히 밝혔어요. 또 우리가 생활하는 세계의 핵심에는 몸이 있다고 주장했어요.

폭력은 '몸'에서 나온다

이제 우리는 폭력에 대한 논의를 시작할 준비가 되었어요. 우리가 살아가는 세계에는 언제나 폭력이 있었어요. 메를로퐁티는 그 이유를 몸에서 찾아요. 생활 세계의 핵심이 몸에 있으니, 생활 세계에 존재하는 폭력 역시 몸과 깊은 관계를 맺고 있을 수밖에 없겠죠. 이는 과도한 억측이거나 비약이 아니에요. 메를로퐁티는 폭력에 대해 이렇게 말해요.

＊

우리는 순수함(비폭력)과 폭력 중 어느 하나를 선택하는 것이 아
니다. 다양한 종류의 폭력 중 어느 하나를 선택하는 것이다. 우리
가 신체를 가지고 있는 한 폭력은 숙명이다.

_모리스 메를로퐁티, 《휴머니즘과 폭력》

　메를로퐁티에 따르면, 신체를 가지고 있는 한 폭력은 숙명이에
요. 달리 말해, 몸이 있는 존재는 누구나 폭력적이에요. 이는 더없
이 정확한 진단이죠. 인간은 누구나 누군가의 죽음을 먹고 살아요.
우리가 애써 외면하고 있을 뿐, 분명한 삶의 진실이에요. 생각해
봐요. 아침에 먹은 밥은 쌀의 죽음이었고, 점심에 먹은 생선은 물
고기의 죽음이었고, 저녁에 먹은 삼겹살은 돼지의 죽음이었잖아
요. 이보다 더 폭력적인 일이 또 어디 있을까요?

　이런 일상적인 폭력을 소리 지르고, 욕설하고, 때리는 폭력보다
더 작은 폭력이라 말할 수 없을 거예요. 이런 폭력은 왜 발생하는
걸까요? 바로 인간이 몸을 갖고 있기 때문이에요. 몸을 유지하기
위해 영양분을 섭취해야 하고, 그 과정에서 폭력은 일어날 수밖
에 없어요. 그러니 몸을 가진 인간 중 폭력적이지 않은 인간은 없
어요. 메를로퐁티의 말처럼 우리는 순수함(비폭력)과 폭력 중 어느
하나를 선택할 수 있는 존재가 아니에요. 인간이라는 존재 자체가
이미 폭력인 까닭이죠.

인간-비인간(식물·동물) 사이의 폭력만 그럴까요? 인간이 인간에게 자행하는 폭력도 마찬가지예요. 이것도 역시 몸을 갖고 있기에 발생할 수밖에 없어요. 매일 같은 반 친구를 왕따시키고 괴롭히는 아이를 생각해 볼까요? 그 아이는 왜 친구에게 폭력을 가할까요? 그의 몸 때문이에요. 우리는 문제가 그 아이의 폭력적인 생각(정신)에 있다고 여기죠. 아니에요. 몸 때문이에요. 메를로퐁티의 말처럼 인간의 정신은 몸에 의존하니까요.

그 아이가 친구를 괴롭히는 것은 그의 몸이 끔찍한 폭력을 경험해 보지 못했기 때문일 수도 있어요. '폭력이 이렇게 괴로운 것이구나!'라는 생각을 할 수 없어서 친구에게 폭력을 행사하는 것일 수 있어요. 물론 반대일 수도 있죠. '힘이 없으면 맞는 거야!'라는 생각으로 친구들을 괴롭히는 아이도 있을 테죠. 이런 뒤틀어진 생각은 어디서 왔을까요? 이것 역시 몸에서 왔어요. 과도한 폭력성을 가진 아이 중 끔찍한 가정 폭력의 경험을 가진 경우는 적지 않아요. 어린 시절 폭력을 당한 끔찍한 몸의 경험으로 뒤틀어진 폭력적 생각을 갖게 된 거죠. 어느 쪽이든 인간이 인간에게 자행하는 폭력 역시 결국 몸에서 시작되는 거예요.

더 작은 폭력을 향하여

이제 우리의 질문으로 돌아갈까요? 폭력은 어떻게 탄생하는 걸까요? 폭력은 몸으로부터 발생한다는 이 명쾌한 답은 희망이 아니라 절망을 주죠. 몸이 없는 인간은 없으니 폭력은 영원히 사라지지 않을 테니까요. 하지만 메를로퐁티는 절망만을 안겨 주지는 않아요. 그는 인간은 폭력과 비폭력을 선택할 수는 없지만 '폭력의 종류'는 선택할 수 있다고 말해요. 즉, 죽이는 폭력 대신 때리는 폭력을, 때리는 폭력 대신 욕설의 폭력을, 욕설의 폭력 대신 차분히 논쟁하는 폭력을 선택할 수 있어요.

우리는 더 작은 상처를 주는 더 작은 폭력을 선택할 수 있어요. 실제로 폭력이 문제가 되는 것은 큰 폭력일 때잖아요. 친구들끼리 크고 작은 의견 다툼(논쟁)은 늘 있죠. 그것은 전혀 문제가 아니에요. 문제가 되는 것은 큰 폭력(욕설, 몸싸움)을 행사하려고 할 때 발생해요. 크고 작은 의견 차이로 논쟁(작은 폭력)할 수 있다면 왕따(큰 폭력)는 발생하지 않을 거예요.

이제 다시 질문해야 해요.

"더 큰 폭력은 어떻게 탄생할까요?"

역설적이게도 단순하게 '폭력은 나쁘다'고 믿는 순간 발생해요. 그때 거대한 폭력성을 긍정하게 되는 거예요. 왜일까요? 세상에 '폭력(나쁨)-비폭력(좋음)'이 있다면 우리는 항상 자신이 '비폭력'의 자리에 서 있다고 믿는 경향이 있어요. 폭력을 단순히 나쁜 것이라고 여길 때 자신은 폭력적이지 않은 사람이라고 굳게 믿는 거죠. 그만큼이나 인간은 자기합리화에 익숙하니 말이에요.

정직하게 우리 삶을 돌아볼까요? 죽이지는 않고 때리기만 한 자신은 폭력적이지 않은 사람이라고 여기죠. 때리지는 않고 소리만 지르는 자신은 폭력적이지 않은 사람이라 여기기도 하죠. 소리를 지르지도, 때리지도 않았으니까 한 아이를 매일 은근히 왕따시켰던 자신은 결코 폭력적이지 않다고 여길 거예요. 왜 사람들은 자신의 폭력성에 대해서 이리도 둔감할까요? 인간이란 존재 자체가 폭력이란 생각을 하지 못하고, 단순히 '폭력은 나쁜 것'이라고 믿기 때문이에요.

폭력 그 자체를 줄여 나갈 수 있는 폭력

더 작은 폭력을 선택할 수 있는 방법은 무엇일까요? 폭력은 항상 있을 수밖에 없으며, 그 폭력이 바로 '나'로부터 시작될 수 있다는 자기 성찰이 필요해요. 그것을 통해 우리 삶에서 조금씩 덜 폭력적인 것들을 선택해 나갈 수 있어요. 더 나아가 폭력이 어쩔 수 없는 것이라면 이런 질문을 해 볼 수도 있을 거예요.

"조금 더 인간적인 삶을 위한 폭력이 무엇일까요?"

그것은 '폭력 그 자체를 줄여 나갈 수 있는 폭력'일 거예요. 어찌 되었든 폭력은 비인간적인 것이니까 말이에요.

✸

폭력을 행사하는 자들에 대해 폭력을 자제하는 것은 그들의 공모
자가 되는 것이다.

_모리스 메를로퐁티, 《휴머니즘과 폭력》

　메를로퐁티는 단호하게 말해요. 비인간적인 폭력을 일삼는 이
들에게 폭력을 행사하지 않는 것은 그들을 은밀히 돕는 것이라고.
메를로퐁티는 우리에게 이렇게 요구하는지도 모르겠어요. 폭력을
사용하는 사람들에게 당당하게 폭력으로 맞서라고요. 누군가 다
른 친구를 왕따시키는 상황 앞에 놓이면, 순수한 얼굴로 침묵하는
비폭력 대신 "그 친구 괴롭히지 마!"라고 당당하게 소리치는 폭력
을 선택하라는 거지요. 그런 용기 있는 외침이 바로 '폭력 그 자체
를 줄여 나갈 수 있는 폭력' 아닐까요?

희망

희망은
좋은 것일까요?

베네딕투스 데 스피노자_
희망

"희망을 가져!"

이 말은 고난에 빠진 이에게 해 주는 위로의 말이거나, 고난에 빠진 자신을 격려하는 말일 수 있어요. 누구나 고난에 처할 때가 있죠. 부모님이 이혼을 하고, 성적이 떨어지고, 사고로 몸을 다치게 될 수도 있어요. 이런 고난은 시기와 종류의 차이만 있을 뿐 누구에게나 찾아와요. 고난은 보편적이에요. 그래서 사실 고난 그 자체는 그리 큰 문제가 아니에요.

고난의 진짜 문제는 무엇일까요? 우리의 의지와 상관없이 자꾸만 부정적인 면을 보게 되고, 그래서 상황이 더 나빠질 것 같은 미래를 상상하게 되는 것이에요. 화목했던 가정은 다시 없을 것 같고, 성적이 떨어졌으니 인생이 엉망이 될 것 같고, 몸을 다쳤으니

뭘 해도 잘 안될 것 같아서 이제 삶이 더 나빠지기만 할 것 같을 때죠. 현재와 미래를 자꾸만 부정적으로 보게 되는 것, 이것이 고난의 진짜 문제예요.

"희망을 가져!"

이 말은 고난에 빠졌을 때 꽤나 도움이 될 거예요. 희망이 무엇일까요? 어두운 면보다는 밝은 면을 보면서 더 나은 미래를 그려나가는 일이잖아요. 그러니 희망을 가질 수 있다면 고난이 남기는 많은 문제를 해결할 수 있을 것 같죠. 희망을 가지면 고난 뒤에 찾아오는 현재와 미래를 어둡게 보려는 마음에서 벗어날 수 있으니까요. 세상 사람들이 희망의 중요성을 결코 의심하지 않는 데는 다 이유가 있었던 거죠.

그런데 정말 우리의 믿음처럼 희망은 중요하고 좋은 것일까요? 그 희망이라는 것을 통해 우리 삶이 더 기쁘고 유쾌해질 수 있을까요? 놀랍게도 희망은 때로 기쁨이 아니라 슬픔이 가득한 삶으로 우리를 몰아가요. 너무 쉽게 희망을 예찬할 때는 질문해 봐야 해요.

"희망은 정말 좋은 것일까요?"

스피노자의 '희망'

이 질문에 대한 답은 스피노자에게 들어 볼까요? 스피노자는 '이성'의 시대를 살았어요. "생각한다, 고로 존재한다."는 데카르트의 유명한 말처럼 인간이 가진 이성의 중요성에 대해 의심하지 않는 시대를 살았어요. 하지만 스피노자는 그 시대 너머에 있어요. 그는 누구보다 인간의 '감정'에 대해 깊이 고민했던 철학자이기 때문이에요. 그런 스피노자는 '희망'이라는 감정을 어떻게 정의했을까요?

✳

희망이란 우리가 그 결과에 대하여 어느 정도 의심하고 있는 미래 또는 과거 사물의 관념에서 생기는 불확실한 기쁨이다.

_베네딕투스 데 스피노자, 《에티카》

스피노자에게 희망은 미래에 대한 '불확실한 기쁨'이에요. 스피노자는 인간의 많은 감정을 '기쁨'과 '슬픔'이라는 두 가지 근본적인 감정으로 구분해요. 미움, 공포, 분노, 질투와 같은 '슬픔'은 인간의 활력을 떨어뜨리는 감정이에요. 사랑, 희망, 환희, 호의 같은 '기쁨'은 인간에게 삶의 활력을 주는 감정이고요. '희망'은 기쁨이죠. 그래서 희망을 가질 때 삶의 활력이 생기죠. 이것이 고난에 처했을 때 '희망'이라는 감정이 유용한 이유일 거예요.

예빈이는 가수가 되기를 간절히 희망했어요. 고난이 닥쳐올 때마다 그 '희망'을 더 강하게 부여잡았어요. 주변 사람들이 "가수는 아무나 되니?"라고 자신의 꿈을 비난할 때, 또 자신의 노래 실력이 별로인 것 같을 때, 예빈이는 더 간절히 희망했어요.

'나는 언젠가 멋진 가수가 될 거야!'

그 '희망'은 기쁨이 되어 예빈이의 삶에 활력을 가져다 주었죠. 닥쳐온 고난에 잠식당하지 않고 겨우겨우 가수의 꿈을 이어 나갈 수 있었던 건 그 '희망' 덕분이었어요.

하지만 '희망'은 독특한 기쁨이에요. 기쁨이지만 '불확실한' 기쁨이기 때문이에요. 예빈이는 '멋진 가수가 될 거야.'라는 희망이 있죠. 여기서 '멋진 가수'는 미래의 일이에요. 그래서 그 결과(멋진 가수)에 대해서 어느 정도 의심할 수밖에 없어요. 즉, 불확실한 거죠. '희망'은 아직 일어나지 않은 일에 대한 기쁨이기에 어느 정도 의심할 수밖에 없고, 그래서 '희망'이 주는 기쁨은 언제나 불확실한 기쁨일 수밖에 없어요.

스피노자의 '공포'

'불확실하다'는 것은 언제나 다른 가능성이 열려 있다는 것을 의미하잖아요. 스피노자는 그 다른 가능성에 대해 '공포(두려움)'라는 감정으로 설명해요.

✳

공포란 우리가 그 결과에 대하여 어느 정도 의심하고 있는 미래 또
는 과거의 사물의 관념에서 생기는 불확실한 슬픔이다.

_베네딕투스 데 스피노자, 《에티카》

　공포와 희망은 반대 감정이에요. '희망'이 불확실한 기쁨이라면
'공포'는 불확실한 슬픔이죠. '공포'라는 감정은 '귀신의 집'을 생
각하면 이해하기 쉬워요. 귀신의 집은 왜 '공포'스러울까요? 귀신
들이 확실하게 드러나 있지 않기 때문이에요. '결과(귀신이 튀어나오
는 것)'에 대해 어느 정도 의심하고 있기에 '공포'스러운 거예요. 그
불확실함이 주는 슬픔이 '공포'라는 감정의 정체예요.

　스피노자에 따르면, 희망과 공포는 동전의 앞뒤처럼 늘 붙어 있
어요. 바로 여기서 '희망'의 문제가 발생하게 되는 거죠. 예빈이는
'언젠가 멋진 가수가 될 거야!'라고 희망했어요. 그 '희망'이 불안
하고 걱정되는 삶을 견뎌 낼 수 있게 했죠. 하지만 그 '희망'은 언
제나 불확실했고, 그 불확실함이 커질수록 '공포'도 조금씩 커졌
어요. 예빈이가 '언젠가 멋진 가수가 될 거야.'라는 '희망'을 키우
면 키울수록, '가수가 될 수 없을지도 몰라.'라는 '공포' 역시 점
점 커졌지요.

동전의 앞뒤, 희망과 공포

✳
공포 없는 희망은 없으며, 희망 없는 공포도 없다.

_베네딕투스 데 스피노자, 《에티카》

스피노자의 말은 옳아요. '공포' 없는 '희망'은 없으며, '희망' 없는 '공포'도 없어요. '희망' 때문에 '공포'에 휩싸이고, '공포' 때문에 '희망'을 갖게 되니까 말이에요. 이것이 야박한 삶의 진실이에요. 그래서 과도한 희망은 결국 공포에 휩싸인 삶으로 우리를 내몰죠. 예빈이는 가수를 희망하면서도 노래를 할 수 없었어요. 왜 그랬을까요? 과도한 '희망(멋진 가수가 될 거야)' 때문에 과도한 '공포(가수가 되지 못하면 어쩌지)'에 잠식되어 버렸기 때문이에요.

희망은 늘 좋은 게 아니에요. 희망에 집착해 본 적 있는 사람은 다 알고 있어요. 부모는 이혼하고, 성적은 떨어지고, 몸을 다쳤을 때 '희망'으로 그것을 돌파하려는 건 지혜롭지 못한 방법이에요. '언젠가 다시 행복한 가정이 될 거야.', '내년에는 성적이 오를 거야.', '다시 건강해질 수 있을 거야.' 같은 '희망'은 '다시 행복한 가정은 없을지도 몰라.', '내년에도 대학을 못 갈지도 몰라.', '다시 건강해질 수 없을지도 몰라.'라는 '공포'가 되기 때문이에요.

'희망'은 불확실한 기쁨이기에 결국 불확실한 슬픔인 '공포'를 끌어들일 수밖에 없어요. '희망'은 불확실하기에 반드시 '공포'로 되돌아와요. 이것이 우리의 믿음과 달리 '희망'이 희망적이지 않은 이유예요. 너무 암담하게 느껴질지도 모르겠어요. 삶은 고난의 연속인데 희망마저 없다면 우리는 어떻게 살아야 할까요?

희망 없이 사랑하는 삶

희망과 공포 너머에 '사랑'이 있어요. '희망 없는 삶' 그 자체로는 희망 없는 삶을 버틸 수 없어요. 희망 없이 어떤 것을 사랑하는 삶이어야 해요. 그때 희망 없이 살아갈 수 있어요. 예빈이는 언제 다시 노래를 부를 수 있을까요? 노래를 부르는 것을 진심으로 사랑하게 되었을 때일 거예요. 노래 한 줄 부르지 못하는 텅 빈 시간 속에서 예빈이는 스스로에게 물어야 해요. '세상의 인정을 받지 못해도 노래를 부를 수 있을까?', '멋진 가수가 되지 못한다 해도 노래를 부를 수 있을까?'

'그래도 노래를 부르고 싶다.' 이것이 예빈이의 답이라면, 예빈이는 '희망'도 '공포'도 없이 가수가 될 수 있어요. 아니 '희망'과 '공포'를 넘어 노래를 부르는 사람은 이미 멋진 가수일지도 몰라요. 노래를 진심으로 사랑하는 사람이 바로 가수니까 말이에요. 희망 없이 노래하는 삶, 이것은 사랑으로 가능한 삶이에요. 다른 삶 역시 마찬가지일 거예요. '희망' 없이 사는 연습이 필요해요.

　희망을 껴안은 삶은 얼마나 우울한가요? 더 많이 '희망'하는 삶
은 더 많은 '공포'에 내몰리는 삶이니까요. '희망'과 '공포' 사이에
서 휘청거리는 삶, 그 번민을 벗어나지 못하는 삶보다 우울한 삶
도 없어요. 우리에게 닥쳐온 고난도 '희망' 없이 '사랑'하는 것으
로 극복해 나갔으면 좋겠어요. 부모가 이혼하고, 성적이 떨어졌을
때 희망에 집착하지 않았으면 좋겠어요. 희망 없이 어떤 것을 사
랑하는 삶으로 나아갔으면 좋겠어요.

　'다 잘될 거야!'라는 억지스러운 희망을 갖는 대신, "잘되지 않
더라도 내 삶을 사랑할 거야!"라고 당당하게 말할 수 있었으면 좋
겠어요. '다시 화목한 가정이 될 거야.'라는 희망 대신, "이제 아
무 희망 없이 부모님을 사랑할 거야."라고 말할 수 있었으면 좋겠
어요. '내년에 성적이 오를 거야.'라는 희망 대신 "이제 아무 희망
없이 내가 사랑할 수 있는 일을 찾을 거야."라고 말할 수 있었으면
좋겠어요. '희망'과 '공포'를 넘어 사랑하는 삶, 그 삶에 다가갈 때
진정으로 기쁘고 유쾌한 삶이 펼쳐질 거예요.

エ

'철학'이라는 꽃은 '앎'이라는 씨앗과
'당당함'이라는 햇볕으로 핀다

1.

긴 이야기를 마무리하며 하고 싶은 질문이 있어요. 앞에서 만나 본 많은 철학자 중에 누가 가장 인상적이었나요? 어떤 철학자의 생각에 가장 끌렸나요? 만약 끌리는 철학자가 없다면 마음 편히 이 책을 덮어 두면 돼요. 하지만 만약 한 명이라도 끌리는 철학자가 있었다면 그 철학자에 대해 조금 깊이 알아봤으면 좋겠어요. 이는 철학을 더 공부하라는 꼰대 같은 조언이 아니에요. 앞으로 여러분이 "어떻게 살아가는 것이 좋을까?"에 대한 이야기예요.

공부는 억지로 하는 게 아니에요. 즐거워서 하는 거예요. 그러니 이 책을 통해 즐거움을 느낀 부분이 있었다면 바로 그 부분부터 철학 공부를 이어 나가면 돼요. 하지만 만약 어떤 흥미도 끌림도 느낄 수 없었다면 철학을 공부하지 않아도 돼요. 하기 싫은 건 억지로 할 필요 없어요. 게임이든, 음악이든, 영화든, 운동이든 뭐든 좋아요. 흥미와 끌림을 느끼게 하는 것을 진지하게 해 나가면 돼요.

철학이 아니어도 좋아요. 여러분에게 흥미와 끌림을 주는 것을 찾고 그것을 진지하게 즐겨 봐요. 그것이 바로 '공부'예요. 즐거운 공부. 그렇게 즐거운 공부를 진지하게 해 나가다 보면 언젠가는 다시 철학과 만나게 될 거예요. 여러분은 '게임의 철학자', '음악의 철학자', '영화의 철학자', '운동의 철학자'가 되어 있을 테니까요.

중요한 건 여러분이 유쾌하고 즐거워야 한다는 거예요. 여러분에게 기쁨을 주는 것을 찾고 좋아야 해요. 어떤 분야든 자신에게 기쁨을 주는 일을 찾고 그것을 진지하게 좇다 보면 '철학'적인 사람이 되거든요. 여러분이 어느 길로 가든, 기쁨을 따르는 길을 간다면 우리는 다시 만나게 될 거예요. '철학'이라는 곳에서요. 모든 것이 철학이고 철학이 모든 것이니까요.

2.

학문으로서 철학을 공부하건 그렇지 않건, 여러분 모두 각자 '나의 생각'을 가진 철학적인 사람이 되기를 바라요. 그 바람으로 이 글을 썼어요. 그리고 하나 당부할 것이 있어요. 어떤 경우에도 주눅 들지 말고 당당해져요. '나의 생각'을 갖는다는 것은 무엇보다 기쁜 일이지만 편한 일은 아니에요.

세상 사람들은 입버릇처럼 "너 자신만의 생각이 있어야 한다."라고 말하죠. 하지만 막상 진정으로 자신만의 생각이 있는 사람이 나타나면 좋아하지 않아요. 우리 주변의 많은 이들은 '나의 생각'이 있는 사람을 좋아하지 않아요. '남의 생각'을 따르지 않고 '나의 생각'을 갖고 사는 이들은 종종 비난과 핀잔을 받아요. "넌 왜 그리 삐딱하게 생각해?" "왜 그리 유별나니?" "그냥 평범하게 지내면 안 돼?"

불편한 삶의 진실이 있어요. 어쩌면 우리에게는 두 가지 삶밖에 없는 것인지도 모르겠어요. 편하지만 슬픈 삶과 불편하지만 기쁜 삶. 전자(편하지만 슬픈 삶)는 '남의 생각'에 따라 사는 삶이에요. '남의 생각'에 따라 살면 비난받고 핀잔맞을 일이 없어서 편하죠. 하지만 그것은 결국 남의 삶이지 나의 삶이 아니기에 답답하고 우울할 수밖에 없어요.

후자(불편하지만 기쁜 삶)는 '나의 생각'에 따라 사는 삶이에요. '나의 생각'대로 살면 종종 세상 사람들에게 비난받고 핀잔맞죠. 그래서 불편해요. 하지만 그것은 나의 삶이기에 결국 유쾌하고 기쁜 삶이 될 수밖에 없어요.

안타깝게도 세상에는 '불편하지만 기쁜 삶(나의 삶)'보다 '편안하지만 슬픈 삶(남의 삶)'을 이어 가는 이들이 더 많아요. 왜 그럴까요? 이유는 어렵지 않죠. '나의 생각'을 가지고 살아가려 했을 때 세상 사람들이 비난하고 핀잔을 주었기 때문일 거예요. 그 비난과 핀잔에 주눅이 들어서 편안하지만 슬픈 삶에 주저앉아 버렸겠죠. 여러분은 그러지 않았으면 좋겠어요.

많이 공부해서 각자 '나의 생각'을 갖추어 나가요. 그 과정에서 피할 수 없는 비난과 핀잔이 찾아올 거예요. 그 비난과 핀잔에 주눅 들지 말아요. 당당하게 여러분의 생각대로 살아가요. 기쁜 삶을 위한 여정을 멈추지 말아요.

'나의 생각'을 가진 사람이 되기 위해서는 많은 앎만큼이나 중요한 것이 있어요.

당당함! 세상의 비난과 핀잔에 맞설 수 있는 당당함이 필요해요. 많이 공부해서 자신만의 생각을 만들고 어떤 경우에도 주눅 들지 말고 항상 당당하게 지내요. '앎'이라는 씨앗과 '당당함'이라는 햇볕으로 '철학(나의 생각)'이라는 꽃이 필 거예요. 그렇게 '철학'적인 근사한 사람이 되어 봐요. '앎'과 '당당함'으로 여러분의 기쁨을 따라가요. 언젠가 우리는 '철학'이라는 교차로에서 만나게 될 거예요.

참고문헌

강요
《있음에서 함으로》, 움베르토 마투라나 지음, 서창현 옮김, 갈무리, 2006

꿈
《법철학》, 프리드리히 헤겔 지음, 임석진 옮김, 한길사, 2008
《법철학 강요》, 프리드리히 헤겔 지음, 권응호 옮김, 홍신문화사, 1997

나
《정신분석학 개요》, 지그문트 프로이트 지음, 박성수, 한승완 옮김, 열린책들, 2004

노력
《임금 노동과 자본》, 카를 마르크스 지음, 김태호 옮김, 박종철출판사, 1999
《임금 노동과 자본》, 카를 마르크스 지음, 박광순 옮김, 범우사, 2008

다름
Heraclitus, 〈a critical study within introduction, text and translation by G.S KIRK〉, 《The Cosmic Fragments》, Cambridge University Press, 2010

다이어트
《저주의 몫》, 조르주 바타이유 지음, 조한경 옮김, 문학동네, 2000
《조르주 바타이유》, 조르주 바타이유 지음, 유기환 옮김, 살림, 2006

레토릭
《수사학》, 박성창 지음, 문화과지성사, 2000
《아리스토텔레스 수사학》, 아리스토텔레스 지음, 박문재 옮김, 현대지성, 2020
《아리스토텔레스의 수사학》, 아리스토텔레스 지음, 이종오 옮김, 한국외국어대학교 지식출판원, 2015

미래
《고백록》, 아우구스티누스 지음, 최민순 옮김, 바오로딸, 2010

민주주의
《불화》, 자크 랑시에르 지음, 진태원 옮김, 도서출판 길, 2015
《정치적인 것의 가장자리에서》, 자크 랑시에르 지음, 양창렬 옮김, 도서출판 길, 2013

변화
《실존주의는 휴머니즘이다》, 장 폴 사르트르 지음, 박정태 옮김, 이학사, 2008
《실존주의는 휴머니즘이다》, 장 폴 사르트르 지음, 방곤 옮김, 문예출판사, 2013

부
《경제학 - 철학 수고》, 카를 마르크스, 강유원 옮김, 이론과실천, 2006
《정치경제학 비판 요강 II》, 카를 마르크스 지음, 김호균 옮김, 그린비, 2007

섹스
《욕망 이론》, 자크 라캉 지음, 민승기, 이미선, 권택영 옮김, 문예출판사, 1994

소통
《논리 – 철학 논고》, 루트비히 비트겐슈타인 지음, 이영철 옮김, 책세상, 2020
《철학적 탐구》, 루트비히 비트겐슈타인 지음, 이영철 옮김, 책세상, 2006
《확실성에 관하여》, 루트비히 비트겐슈타인 지음, 이영철 옮김, 책세상, 2006

욕망
《라캉 정신분석 사전》, 딜런 에번스 지음, 김종주 외 옮김, 인간사랑, 1998
《욕망 이론》, 자크 라캉 지음, 민승기, 이미선, 권택영 옮김, 문예출판사, 1994
《자크 라캉 세미나 11》, 자크 라캉 지음, 맹정현, 이수련 옮김, 새물결출판사, 2008
Jacque Lacan, Ecrits, Bruce Fink trans, W.W. Norton & Co Inc, 2007

중독
《에티카》, B. 스피노자 지음, 강영계 옮김, 서광사, 2007
《에티카》, B. 스피노자 지음, 황태연 옮김, 비홍출판사, 2014

침묵
《논리-철학 논고》, 루트비히 비트겐슈타인 지음, 이영철 옮김, 책세상, 2006

카메라
《기술복제시대의 예술작품》, 발터 벤야민 지음, 최성만 옮김, 도서출판 길, 2007

콤플렉스
《차이와 반복》, 질 들뢰즈 지음, 김상환 옮김, 민음사, 2004

틀
《과학혁명의 구조》, 토머스 S. 쿤 지음, 김명자 옮김, 까치글방, 2010

폭력
《지각의 현상학》, 모리스 메를로퐁티 지음, 류의근 옮김, 문학과지성사, 2002
《휴머니즘과 폭력》, 모리스 메를로퐁티 지음, 박현모 등 옮김, 문학과지성사, 2004

희망
《에티카》, B. 스피노자 지음, 강영계 옮김, 서광사, 2007
《에티카》, B. 스피노자 지음, 황태연 옮김, 비홍출판사, 2014

생각이 많은 10대를 위한
철학 사전

초판 1쇄 발행 2021년 8월 30일
초판 3쇄 발행 2022년 7월 21일

지은이 | 황진규
그린이 | 나수은
펴낸이 | 한순 이희섭
펴낸곳 | (주)도서출판 나무생각
편집 | 양미애 백모란
디자인 | 박민선
마케팅 | 이재석
출판등록 | 1999년 8월 19일 제1999-000112호
주소 | 서울특별시 마포구 월드컵로 70-4 (서교동) 1F
전화 | 02)334-3339, 3308, 3361
팩스 | 02)334-3318
이메일 | namubook39@naver.com
홈페이지 | www.namubook.co.kr
블로그 | blog.naver.com/tree3339

ISBN 979-11-6218-163-8 43100